Planeta Terra Em Transição

Psicofonia
Izoldino Resende

Pelo Espírito
ISmael

6ª Edição
Junho / 2015

Impresso no Brasil

Capa/Projeto gráfico
Hilário Silva Resende

Revisão
Luciana Peres da Silva
José Reis Chaves
Cléia Silva Resende
Rossano Sobrinho Ferreira

Preparação de Originais
Eva Pereira da Silva
Romildes Carvalho da Silva

Impresso no Brasil

PEDIDOS:

Editora e Distribuidora de Livros Espíritas "Cristo Consolador" Ltda.
Nome fantasia: Editora e Distribuidora de Livros Espíritas Chico Xavier
Rua Geraldo Teixeira da Costa, 292 - B. São Benedito - Santa Luzia
Telefone (0**31) 3636-7147 / 0800-283-7147
CEP – 33120-520 – Santa Luzia – MG
www.editorachicoxavier.com.br
contato@editorachicoxavier.com.br

Morais, Izoldino Resende de
Planeta Terra em Transição / Espírito Ismael; psicofonado por Izoldino Resende de Morais - Editora Cristo Consolador - Santa Luzia, MG, 2011.
272 p.
1. Romance doutrinário 2. Obra psicofônica.
I. Morais, Izoldino Resende de. II. Título.

ISBN: 978.85.60451-16-6 CDD 130

Todo o produto obtido com a venda do presente livro será destinado a divulgação e difusão da Doutrina Espírita e das obras assistenciais promovidas pelo Grupo Espírita "Eurípedes Barsanulfo", de Santa Luzia-MG

AGRADECIMENTOS

Aos funcionários da Editora Chico Xavier, pelo amor, carinho e desvelo com que se dispõem ao trabalho tão edificante na divulgação da Doutrina Espírita.

A todos os voluntários, que com tanto carinho se colocam à frente do trabalho em prol de todos os que ainda vivem os martírios do corpo e do espírito.

A todos os colaboradores da Editora pelo apoio que vêm nos oferecendo. Recebam energias puras de amor e paz em vossos corações!

Aos nossos irmãos e companheiros de jornada, Ana Maria Costa, Prof. Erivelton Pacheco, Janaina

Silveira, Lacyr Doris, Sr. Sebastião Carlos Brito, Vilma Teodoro, pela generosidade e valiosa contribuição nesta obra.

Aos frequentadores do Grupo Espírita

Eurípedes Barsanulfo:

Meus irmãos, o caminho que ainda temos de percorrer é longo, mas não nos desanimemos, pois a busca de nosso aperfeiçoamento moral e espiritual é incessante.

Aos ouvintes do programa O Cristo Consolador o nosso muito obrigado, e que a Voz do Cristo permaneça sempre em vossos corações.

Aos associados do Clube do Livro o Cristo Consolador, lembremos as palavras de Voltaire, o filósofo francês, que assim definiu o livro:

"Um livro aberto é um cérebro que fala;

Fechado, um amigo que espera;

Esquecido, uma alma que perdoa;

Destruído, um coração que chora".

Jesus, quando esteve na Terra, pediu para que nos instruíssemos, a fim de não permanecermos na ignorância de Seus ensinamentos.

Aos proprietários de todas as emissoras de rádio que transmitem o programa O Cristo Consolador: vocês são valoroso canal em favor da disseminação da Boa Nova!

A todas as Casas Espíritas que, em parceria com as emissoras de rádio, transmitem o programa O Cristo Consolador, como divulgadoras dos ensinamentos de Jesus Cristo, o nosso caloroso abraço.

À minha esposa Rosária, pelo amor, carinho e apoio de sempre.

Aos meus queridos filhos, pois eles são bênçãos que nos foram concedidas pela bondade divina.

Uma Pequena Biografia do Autor

Aos quatro anos de idade começou a desabrochar em seu pequeno universo as primeiras manifestações mediúnicas que passavam despercebidas e muitas vezes confusas, diante de sua inocência de menino ativo e inquieto.

Atingida a maioridade, já com os seus vinte e um ano, consciente e responsável, começou a exercer seu maravilhoso dom mediúnico, em favor de seus semelhantes. Atuando nas obras sociais da União Espírita Mineira, juntamente à Dona Maria Pinto. Nesta época era comerciante, dono de supermercados na região onde vive.

Nesse mesmo tempo, começou a divulgar a Doutrina Espírita, através de emissoras de rádio locais e mais tarde, em todo o Brasil, pelas ondas da grande rádio Boa Nova (rede de emissoras André Luiz).

Fundador e presidente do Grupo Espírita Eurípedes Barsanulfo e da Editora e Distribuidora de Livros Espíritas Chico Xavier, na cidade de Santa Luzia / MG.

A partir do ano 1996, passou a dedicar sua vida e todo seu tempo para a Doutrina dos Espíritos, vivendo e sobrevivendo apenas da renda de aluguel de seus imóveis. Recebeu da espiritualidade maior, seu primeiro livro, através da mediunidade de psicofonia: Resgatando o Passado e Construindo o Futuro, pelo Espírito Ernesto Macedônio. Mais tarde, no ano 2003, recebeu a Trilogia pelo espírito Ismael: Estrela de Luz, Planeta Terra em Transição e O Despertar de Uma Nova Era, que por decisão da espiritualidade somente pôde ser publicado nesse ano de 2015.

O médium reserva todos os direitos dos livros publicados e que serão publicados para a obra social do Grupo Espírita Eurípedes Barsanulfo (Santa Luzia / MG).

Nesse mesmo ano (1996), criou o Programa Espírita O "Cristo Consolador" que agora atinge mais de 250 emissoras de rádio em todo o Brasil. Tem os programas disponíveis com distribuição gratuita para qualquer casa espírita sem custo nenhum de envio, programas de 15 min., 30 min. e 60 min.

Atualmente também tem um programa semanal que é levado ao ar todas as quintas-feiras, no horário das 22 horas. Pela rádio Boa Nova, da Fundação Espírita André Luiz.

Quem quiser solicitar o Programa Espírita O "Cristo Consolador" é só entrar em contato com a Editora Chico Xavier nos telefones: 0800.283.7147 ou (31) 3635-2585.

Livros publicados:

Resgatando o Passado e Construindo o Futuro

A Misericórdia Divina nos Liberta do Passado

Estrela de Luz

Planeta Terra em Transição

Momentos de Paz

Renunciando Por Amor

Vivendo um Grande Amor

O Padre (O Desejo Oculto)

Quem Ama Perdoa

Desencarnações Coletivas

O Despertar de Uma Nova Era

Livros a publicar:

O Passado Se Fez Presente, pelo espírito Ernesto

Mediunidade Consciente, pelo espírito Jerônimo Mendonça

Vale dos abortados, pelo espírito Ernesto

Nas Pegadas do Mestre, pelo espírito Ismael e Simeão

Corações Partidos, pelo espírito Ernesto

Jesus - Ministro de Deus, pelo espírito Ismael e Simeão

SUMÁRIO

PREFÁCIO

Vivemos tempos de transição... Para as religiões tradicionais e literalistas, trata-se do "fim do mundo". Para o Espiritismo Consolador, é chegado o fim de "um mundo", dos tempos difíceis de expiações e provas. Nesses tempos do fim, o temor visita muitos corações que ainda são nutridos por uma fé fundamentada em dogmas irracionais e medos injustificáveis. É claro que a humanidade vivencia tragédias e conflitos no plano físico, mas, do ponto de vista espiritual, quais são as reais tragédias? Quais os dramas verdadeiramente preocupantes?!

Dramas reais são aqueles que afetam o Espírito em sua realidade profunda, em seus valores eternos. Corpos, todos temos e perdemos de uma para outra existência na Terra; já a vida interior – a vida moral - está sempre conosco, no plano físico ou na realidade extrafísica.

Os grandes dramas da humanidade atual transcendem os cataclismos de natureza física do orbe; são aqueles que caracterizam sua decadência moral em quase todos os departamentos da vida social. Violência, drogadição, sexolatria, corrupção, guerras localizadas ou pulverizadas, muitos são os problemas que ainda denunciam o alto nível de animalidade da espécie humana.

Planeta Terra em Transição é uma obra que chega em momento oportuno, como um brado de alerta à humanidade distanciada da lei de amor e de justiça, mas também como uma mensagem de esperança àqueles que têm se dedicado à construção de um mundo melhor, a partir do esforço de renovação ético-moral de si mesmos.

Através do dedicado trabalhador e médium espírita Izoldino Resende, a espiritualidade veio apresentar painéis doutrinários importantes sobre esse delicado período em que a humanidade procura ensaiar os primeiros movimentos da regeneração planetária. Temas como o Apocalipse de Jesus, a vinda do Consolador, as duas grandes Guerras Mundiais, o papel da Ciência e da Religião nesse novo ciclo evolutivo, o Esvaziamento das Regiões Trevosas da erraticidade, entre outros, são tratados com clareza e lucidez por Ismael (o autor espiritual) e outros benfeitores, dentro da lógica e do bom senso da abençoada Doutrina Espírita.

Que possamos nos debruçar com dedicação sobre essas singulares reflexões a respeito do "fim dos tempos ignóbeis da humanidade", atentos para compreendermos qual o papel que nos cabe nesse divino concerto de transformação planetária. Compreendendo que, de fato, a embarcação terrestre se encontra em mar revolto e em plena tempestade; sem nos esquecermos, porém, de que no leme prossegue o Divino Timoneiro, o Cristo Jesus, o mesmo que há dois mil anos acalmou os ventos e pacificou o mar e o coração dos discípulos fiéis!

Rossano Sobrinho

Escritor e Conferencista Espírita

CAPÍTULO 1

O REENCONTRO

Duzentos anos antes de Jesus se encarnar na Terra, Ele e sua equipe retiraram da crosta terrestre mais de dois milhões de espíritos, que viviam em alto grau de inferioridade moral. Esses espíritos foram levados para as regiões abismais da Terra, onde foram construídas câmaras especiais para acolhê-los. Eles seriam magnetizados através do sono, pois seus pensamentos eram tão negativos, que precisavam ser isolados para que as energias advindas deles não chegassem às dimensões da Terra, porque se isso acontecesse, poderiam interferir na vida missionária de Jesus.

Nesse tempo, Jesus e sua equipe construíram também a Colônia Espiritual Casa do Pai. Todos os trabalhadores tinham consciência de que essa havia sido construída para receber todos aqueles que seriam martirizados na Terra em nome do Messias.

Meus queridos irmãos em Cristo, meu nome é Ismael, trago-vos importante relato referente a esses espíritos que foram magnetizados. A narrativa inicia-se no tempo em que reencontrei meus dois grandes amigos. Os diálogos e todos os acontecimentos narrados nesta obra se passam a partir de 1700 até o ano de 2009, de forma a mostrarem o percurso desses espíritos e suas façanhas ao se encarnarem na Terra.

Após vivenciar várias oportunidades reencarnatórias no Orbe Terrestre sob o amparo divino e auxiliado pelos amigos espirituais, pude resgatar parte de meus débitos e finalizar alguns compromissos. Fui agraciado com a feliz oportunidade de voltar à Colônia Casa de Misericórdia, onde no passado permaneci em atividades por mais de três séculos. Ali me reencontrei com irmão Davi, meu instrutor na Colônia Espiritual Casa do Pai. Na época, trabalhávamos nas câmaras magnetizadoras com nossa companheira Marina, a responsável direta pela construção e administração da Colônia Casa de Misericórdia, onde, naquele tempo, abrigava os nossos irmãos magnetizados.

Depois de saudações calorosas, juntos recordamos alguns episódios vividos ali na Colônia.

Em uma fração de segundos, voltei no tempo em que trabalhava junto àqueles espíritos magnetizados, e um fato que me impressionou veio à minha mente:

Certa vez, enquanto Simeão e eu caminhávamos tranquilamente até nosso local de trabalho, e admirávamos a beleza do jardim que fora planejado pela irmã Marina, presenciamos uma cena que nos comoveu:

Para a nossa surpresa, bem à nossa frente, materializou-se um casal, um senhor de tez clara e cabelos grisalhos estava envolvido em uma luz branca, seu olhar nos transmitia serenidade íntima. A sua companheira possuía uma beleza incomum. O sorriso e o olhar dela deixavam transparecer a felicidade que trazia na alma. Os dois, amáveis, aproximaram-se e, depois de nos cumprimentar, disseram que estavam em missão, mas, antes, queriam se encontrar com a diretora da Colônia. Colocamos-nos à disposição para acompanhá-los até o gabinete da irmã Marina. No percurso, indaguei aos visitantes que tipo de missão realizariam na Colônia. A senhora, gentilmente, respondeu-me que estavam ali para um reencontro com seus antepassados, pois eles se encontravam em tratamento. E ainda acrescentou:

- Viemos com o propósito de ajudá-los, pois sabemos que, juntos a eles, poderemos melhor auxiliá-los e, assim, agilizar a recuperação deles.

Ao chegarmos, os cumprimentos foram acolhedores. O visitante, como a contemplar uma alma de grande nobreza, ao abraçá-la, disse: -Minha querida amiga, sabemos que você poderia permanecer nas mais altas esferas espirituais, mas há séculos fez uma escolha, a de permanecer nas zonas umbralinas cuidando dos nossos irmãos que precisam ficar adormecidos. Sabemos do seu carinho e desvelo para com esses espíritos.

A diretora, também, dirigiu ao casal algumas palavras: - Sabemos que vocês vivem em um plano bastante evoluído, onde o amor reina em sua plenitude, e mesmo assim, vocês deixaram todo esse conforto espiritual e vêm até aqui para socorrer seus antepassados.

Enquanto eles conversavam, fiz uma reflexão sobre tudo o que ouvia. Estávamos diante de espíritos evoluídos, que somente estavam ali por amor. Nossa benfeitora dirigiu-se a nós e pediu-nos que acompanhássemos o casal até o pavilhão 116, pois era lá que se encontravam reunidos todos os espíritos com os quais aquele casal tinha vínculos espirituais.

Desejoso de saber mais sobre aqueles espíritos, enquanto seguíamos para o pavilhão indicado, indaguei:

– Irmãos, o que os levou a deixarem o mundo em que vivem para descerem até a este lugar onde há tantos sofrimentos? Que ligação vocês têm com esse grupo de espíritos?

Percebendo a minha curiosidade, os dois sorriram, e, em seguida, o senhor disse:

– Meu amigo, todos esses espíritos fazem parte de nossa família. Estivemos juntos por várias encarnações no mundo Estrela de luz.

Temos um compromisso com todos eles e, enquanto um deles estiver em sofrimento, iremos ao encontro dele para ajudá-lo.

Mesmo que consigamos caminhar na senda do Senhor Jesus e alçar altos voos em nossa evolução, jamais esqueceremos aqueles com os quais tivemos convívio e mantivemos laços afetivos.

Enquanto ouvia aquele relato, outras perguntas surgiram e, tão logo terminou, voltei a questionar:

– Mas a verdadeira família espiritual não são os nossos afins? Pois, sabemos que esses espíritos estão vinculados ao mal por milhares de anos, e creio que não tenham mais afinidade com vocês pelo modo como procederam. Penso que exista uma distância infinita entre vocês.!

Antes mesmo que eu terminasse a senhora comentou: - Realmente, afinidade para fazer o mal não temos. Nossa afinidade surgiu quando estávamos encarnados no mundo Estrela de Luz. Em uma família, por mais que existam aqueles que ainda trazem o coração endurecido e perverso, quem está melhor sempre procura ajudar o outro. Todos esses espíritos que aqui se encontram, foram importantes em nossa caminhada evolutiva.

Nessa época, eles nos causaram grandes males, mas soubemos entender as suas fraquezas e dificuldades, e lhes perdoamos. Todos os sofrimentos pelos quais passamos, tiveram sua importância e nos ensinaram a amarmos, a perdoarmos verdadeiramente e, principalmente, a entendermos que cada indivíduo está em um patamar diferente de evolução.

Há momentos, em nossa caminhada evolutiva, que o espírito só aprende depois de passar por intensos sofrimentos. A dor ainda é uma alavanca para o crescimento espiritual. Na maioria das vezes, aquele que não passa pelas grandes dificuldades, não sabe aproveitar a chance que tem, e permance por muito tempo estacionado em seu crescimento espiritual. A maior parte deles tem grande potencial intelectual na área da tecnologia. Eram médicos e pesquisadores famosos. Nesse tempo, nosso mundo vivia o auge do capitalismo. Eles, dominados pelo orgulho, buscaram somente viver o materialismo, se esqueceram de cuidar do Espírito, elevando-se

Nosso mundo passava pelo seu período de transição, saindo do estágio de Provas e Expiações para mundo de Regeneração. Trabalhávamos juntos com esses nossos irmãos e nos tornamos uma grande família. Em algumas ocasiões, participávamos da política, e em outras dirigíamos grandes empresas, que tinham sob nossa responsabilidade milhares de empregados. Enquanto trabalhávamos, esses nossos companheiros só se preocupavam com o próprio bem-estar, e com isso começaram a abusar do poder que tinham. Diante dessa postura, fomos levados a fazer grandes investimentos, para conter seus gastos excessivos. Sem o devido discernimento, desejavam a todo custo lançar mão de parte do capital de giro da empresa , e, assim, agíamos para não permitir a falência dos negócios. Ficamos no comando por vários anos, zelando e buscando sempre o melhor para todos. Enquanto buscávamos garantir a segurança da família, estes, que aqui se encontram, separaram-se de nós e formaram um grupo paralelo. A todo custo queriam dirigir os negócios e não pouparam esforços para nos prejudicar. E tudo por causa da ganância, que ainda tomava conta de seus corações. Passaram por cima de tudo e de todos aqueles que não eram coniventes com suas atitudes. Esqueceram-se de que quando agimos com sentimentos menos nobres, visando ter mais que nosso merecimento, estamos trabalhando contra nós mesmos.

Meus irmãos, não devemos nos esquecer da Lei de Ação e Reação. Mas entendamos que a maioria das pessoas ainda vive nessa situação, desejando ter mais do que suas possibilidades, e tudo faz para conseguir o que quer, esquecendo-se de que "o plantio é livre, mas a colheita é obrigatória". Com atitudes equivocadas, só poderemos gerar dores e sofrimentos.

Como nos mantínhamos firmes na fé em Deus e confiantes em nosso propósito de ajudá-los a se desvencilharem de energias tão nefastas, eles se afastaram procurando meios ilícitos para se enriquecerem e, assim, terem uma posição de destaque na sociedade em que vivíamos. Desse modo, se tornaram pessoas más, revoltadas e infelizes.

Nesse momento, ela chorava, e as lágrimas eram abundantes. Ao vê-la chorar, me senti culpado por tê-la feito relembrar fatos tão dramáticos de sua vida passada. Ao perceber minha aflição, ela secou rapidamente os olhos e disse: – Meu filho, não se preocupe, meu choro se deve ao fato de saber que nossos irmãos ainda levarão bastante tempo até despertarem para uma vida no bem e no amor.

CAPÍTULO 2

CÂMARAS MAGNETIZADORAS

As boas lembranças me levaram a questionar de Marina sobre a situação da Colônia e dos espíritos que estavam ali adormecidos, e ela, atenciosamente, respondeu:

– Você tem conhecimento de que nossos irmãos, desde que foram magnetizados, recebem a bênção dos ensinamentos do Cristo. Parte deles tomou posse desses conhecimentos. Quanto aos outros, apesar de trazerem esses registros em seus subconscientes, terão dificuldades de colocá-los em prática quando voltarem à Terra, mas todos eles, um dia, alcançarão o estado pleno de um espírito verdadeiramente feliz.

Após permanecerem aproximadamente dois mil anos adormecidos, terão a bendita oportunidade de voltar à Terra para se redimirem de seus débitos do passado. A vida é assim, sempre chega o tempo de refazer o que fizemos de errado, através de novas oportunidades reencarnatórias.

Como em um sonho, recordei que, durante a minha estada ali, tive a oportunidade de retornar à Colônia Espiritual Casa do Pai. Nessa oportunidade, acompanhado pelo irmão Davi, que à residência do irmão Bartimeu, o cego curado por Jesus. Ele, solícito, nos convidou para acompanhá-lo a uma Colônia, que ficava próxima, pois tinha o compromisso de levar aos espíritos sofredores uma palavra de consolo.

Nesse tempo, junto à equipe socorrista de Bartimeu, fomos até às regiões trevosas da Terra, para resgatar Longinus, o soldado que havia jogado sua lança no peito de Jesus, no momento de sua crucificação.

Recordei também que, tempos depois, fomos até à Colônia do Auxílio onde o soldado se encontrava em tratamento. Nessa oportunidade, encontramos-nos com o fundador daquele recanto de luz, o nosso querido irmão Estêvão. Meu Deus! Naquele mesmo dia, Jesus em sua magnitude visitou aquele soldado, amparando-o em seu despertar. Quanta emoção naquela bendita oportunidade!

Todas essas oportunidades me proporcionaram importantes aprendizados. Então me dirigi a Davi e disse-lhe:

– Irmão, eu sempre quis saber detalhes sobre a deportação desses espíritos, seria possível você nos falar como se dá esse processo?

– Esse processo acontece naturalmente. Aqueles espíritos que estão encarnados no planeta em processo de transição e não conseguem acompanhar o progresso, em tempo determinado, quando retornam ao plano espiritual, são atraídos por uma força magnética resultante das energias nas quais estão envolvidos. Esses espíritos se dirigem aos mundos que vibram na mesma sintonia deles. Não são eles que escolhem o mundo para onde desejam ir, mas as Leis Cósmicas de Deus que regem o Universo.

– E aqueles que têm grande potencial de conhecimento intelectual não poderão se rebelar contra os espíritos superiores, que administram o planeta em transição?

– As ações dos espíritos estão dentro da determinação divina, eles não podem ultrapassá-las, vão somente até onde

Deus permite. Suas leis são imutáveis, e devem ser respeitadas, e aquele que tenta desrespeitá-las, sofre suas consequências.

O Universo é movido por vibrações, e todos nós estamos ligados uns aos outros através de uma sintonia vibratória. Querendo ou não, estamos unidos com aquilo que pensamos. Desse modo, seremos atraídos de acordo com os nossos pensamentos.

— Os moradores de Capela não se rebelaram quando souberam da possibilidade de serem deportados para a Terra, pelo fato de a mesma estar vivendo em seu estágio primitivo? E não se sentiram diminuídos em terem que se encarnar para ajudar no progresso e no avanço de um mundo ao qual não pertenciam? Voltei a inquirir.

— Posso lhes garantir que isso não seria permitido acontecer, pois nossos irmãos tiveram todas as oportunidades possíveis para avançarem, assim como hoje acontece com a humanidade, encarnada e desencarnada do Orbe Terrestre. Naquele momento, eles não tinham escolhas.

— Davi, pelo que sabemos, a maioria desses espíritos, que estão nas câmaras, encarnarão com deficiências. Isto para o espírito não é uma situação constrangedora, apesar de sabermos que passarão pelo processo de esquecimento do passado?

-- Pelo fato de estarem com seus perispíritos deformados, e, após permanecerem quase dois milênios adormecidos, assim acontecerá para que possam se purificar, podendo, em outras oportunidades, nascer em corpos sem deformidades. Com relação ao constrangimento, eles sentirão saudade de algo que não sabem o que é.

– Irmã Marina, temos conhecimento de que o plano terrestre, hoje, vive em um momento de grande desalinho com as leis divinas. Sendo assim, como será a encarnação deles lá na Terra? Voltei a perguntar:

– Ismael, além dos familiares deles, que são espíritos mais evoluídos, serão também enviados à Terra espíritos missionários, que terão o importante compromisso de construir "Instituições" destinadas a receber e amparar grande parte desses espíritos. No primeiro momento, um quarto desses será levado até lá em uma reencarnação compulsória, pelo fato de seus perispíritos estarem completamente lesionados; seus corpos terão deformidades físicas e mentais. Cada reencarnante apresentará dificuldades conforme o estado do seu corpo perispiritual. O corpo físico é sempre um importante instrumento purificador da alma. A maioria traz as mentes fixadas nos comportamentos inferiores e boa parte desses, ao chegar aqui, se encontrava em forma de ovóides. Serão levados a reencarnar em várias partes do planeta, para que possam servir de exemplos para aqueles que trazem um corpo perfeito e que, na maioria das vezes, vivem reclamando.

– O que levou esses espíritos a se fecharem como as larvas em um casulo? E por que tomaram essa forma de ovóides?

– Ismael, quando o amor adormece, o ódio surge com todo vigor. O amor e o ódio para o espírito que ainda se encontra na luta, diante da evolução, vivenciando as experiências dos mundos de provas e expiações, caminham lado a lado. O amor precisa ser alimentado, reabastecido pela caridade, humildade, e para que esses sentimentos possam acordar e permanecer, devem estar sempre em atividades. A forma, que eles entenderam, não é a do amor universal, mas a do amor material, e a mesma força que têm para amar, têm para odiar.

O mal em todos os aspectos é a degeneração do bem. Quando não perdoamos aos nossos ofensores, e seguimos pelos caminhos do ódio e do ardente desejo de vingança, entramos em sintonias de baixa frequência vibratória, e se isso persistir, com o passar do tempo, vamos nos fechando nesses pensamentos mesquinhos, e a partir daí, aos poucos, produzimos uma deformação progressiva no perispírito. Podemos afirmar que o próprio espírito, pouco a pouco, se hipnotiza nessa ideia ou pensamento desequilibrado. De modo contínuo, nessa mesma frequência, ele, o espírito, toma a forma de um ovóide, isso porque ele se fecha na mesma ideia, ou melhor, a tem fixa no seu desejo. O perispírito ou corpo astral é composto de moléculas moldáveis, e, portanto, se os pensamentos e os sentimentos vibram em baixa sintonia, ele toma o formato que têm os mesmos.

– Davi, mesmo que o corpo e a mente apresentem alguma anomalia, o espírito poderá avançar? Qual a importância de se reencarnar assim?

– Uma reencarnação é sempre uma oportunidade de avanço para o espírito. Ela lhe possibilitará fazer, pouco a pouco, uma limpeza perispiritual, até que possa reencarnar em um corpo são. Numa reencarnação dessas, eles não poderão manifestar sua inteligência e sua vontade, pois serão portadores de limitações físicas e mentais, portanto, serão tolhidos das mordomias que tiveram antes.

Os benfeitores sempre zelosos estarão ao lado deles como cuidadores da sementinha, que é o amor de Deus. Um dia, ela germinará e florescerá, dando frutos. É claro que, antes disso acontecer, essa semente poderá não vingar logo depois de germinar, mas isso é a evolução, pois cada um dá o passo conforme o potencial registrado em si. A maioria deles terá uma vida curta, mas ela será de suma importância para a purificação de seus perispíritos.

Intrigado, novamente ponderei:

– Ao retornarem ao mundo espiritual, para onde esses espíritos serão levados? Jesus construirá algum lugar especial para recebê-los?

– Quando retornarem, eles serão novamente acolhidos nesta Colônia. Este lugar abençoado, mais uma vez, dará a eles a oportunidade de novos aprendizados.

As equipes responsáveis pelos processos reencarnatórios deles estão bem estruturadas. Os espíritos, que chegaram aqui em missão, foram divididos em dois grandes grupos. Um deles se dirigirá à Terra, o outro permanecerá na Colônia assumindo o trabalho de alteração da estrutura física desse ambiente. As dependências serão adequadas às necessidades desses espíritos. A maioria das dependências será transformada em núcleos escolares (jardins de infância), pois a maior parte deles desencarnará ainda em tenra idade. E mesmo aqueles que atingirem a fase adulta, ao desencarnarem, terão a mentalidade de uma criança de doze anos. Aqui se manifestando como crianças, se desenvolverão naturalmente, passando por todos os estágios até chegarem à fase adulta.

A vida é assim, precisamos nos preparar para novamente recebê-los.

Querendo saber mais, indaguei ao meu amigo:

– Pelo fato de estarem espalhados mundo afora, como será o retorno deles à Colônia?

– Não importa onde estejam vivendo, pois as energias que os envolvem e o vínculo que eles têm com essa Colônia farão com que, ao desencarnarem, sejam automaticamente encaminhados para cá. Com o amparo contínuo das equipes, em pouco tempo, eles adquirirão plenas condições para um novo retorno à Terra. Dessa vez, em corpos perfeitos para que possam naturalmente manifestar suas vontades. Sabemos do risco que vamos assumir, mas, não temos outra opção.

Ao tomar conhecimento de como seria o retorno daqueles espíritos ao plano terrestre e dos cuidados a eles dispensados, visualizei uma nova oportunidade de trabalho para todos aqueles que se dispusessem a colocar todo seu aprendizado em favor daqueles irmãos.

E, assim, aconteceu, no tempo previsto, este primeiro grupo foi levado à Terra. De maneira caridosa, esses irmãos reencarnaram em várias partes do planeta, tendo uma vida difícil e dolorosa. A maioria reencarnou no seio de famílias que lutavam fielmente em prol do crescimento espiritual, da paz e do bem-estar de todos.

Nessa época, o preconceito era predominante no seio da humanidade. E diante de tal acontecimento, as famílias precisavam escondê-los para que não fossem denominados de monstros. Mas a maioria desses era composta de espíritos preparados e estava em condições de assumir as consequências de seus atos de bravura.

Os sofrimentos causados pelas anomalias dos filhos levaram muitas famílias a se esquecerem do planejamento feito no plano espiritual e, envergonhados, preferiam abandoná-los nas instituições de caridade.

E ali permaneci trabalhando junto à equipe que, naquele momento, terminava a primeira parte do projeto de adequar a Colônia à nova modalidade de creche, pois já se aproximava o tempo do retorno daqueles espíritos à Colônia. *

CAPÍTULO 3

A VISÃO APOCALÍPTICA DE JESUS

Após realizarmos nossa tarefa, Marina sempre amável, nos fez um convite para participarmos de um encontro com o irmão Estêvão, ali mesmo, na Colônia. Entre outros assuntos relevantes, ele falaria sobre o desenvolvimento do Orbe Terrestre e o objetivo de se preparar para a chegada do Consolador.

Quando chegamos, estavam presentes no local mais de 30.000 companheiros. Entre eles havia aqueles que se encontravam encarnados, pois era possível ver o cordão fluídico que os ligava ao corpo físico. Assim que o orador entrou no recinto, de seu coração irradiava um facho de luz branca que, ao se expandir, envolveu a todos. Com voz suave, mas firme, ele agradeceu a presença de todos dizendo: - Meus queridos irmãos, que a paz e o amor do Cristo estejam presentes em nossos corações hoje e sempre. Neste primeiro momento, quero relatar-lhes um fato que me ocorreu, quando eu estava encarnado na Terra, oportunidade essa em que pude conhecer os ensinamentos do nosso Mestre Jesus. Infelizmente, não O conheci, mas conheci João, seu apóstolo.

Em um encontro com esse apóstolo, meu coração se encheu de júbilo, pois tive o privilégio de ouvi-lo. - Faltando dois dias para seu calvário, Jesus estava reunido com os apóstolos e alguns discípulos que o seguiam.

Emocionado ele continuou dizendo: - Jesus com sua capacidade evolutiva, podia ver e prever o futuro. Ele viu desfilar em sua retina espiritual toda provação e dor que o homem terreno passaria.

Presenciou as perseguições aos cristãos, sendo estes levados às fogueiras nos circos romanos, a luta entre católicos e mulçulmanos, as guerras que aconteceram entre protestantes e católicos.

Passou como um "flash" em sua mente o grande derramamento de sangue em toda a Europa. Um pacto de ódio se elevando por entre as chamas das fogueiras. Ele viu o sofrimento daquelas pessoas e, também, a necessidade de amadurecimento espiritual daqueles que não compreenderam seus ensinamentos.

Assistiu também às Guerras das Cruzadas, quando exércitos, de maneira equivocada, partiram para a Palestina, com a ideia fixa de tomar o túmulo Dele, e no caminho provocaram o maior derramamento de sangue, causando grande temor em todos os lugares por onde passavam. E viu o triste momento da Inquisição. As pessoas seriam presas e queimadas vivas simplesmente por não seguirem a ideia daqueles que se diziam representantes de Deus. Esses compreenderam Deus de uma forma diferente. Uns seriam crucificados, e, além disso, teriam seus bens confiscados, pelo simples fato de não acreditarem na doutrina oficial.

Sabia do intenso sofrimento que causaria o materialismo, e percebeu que as pessoas não tinham respostas e entendimento suficiente para compreender um Deus soberano, que não violenta aqueles que não pensam como os que se dizem ser representantes Dele, mas sim, um Deus de amor que nos dá a liberdade de caminhar ou não dentro de suas leis.

E ele continuou: - Irmãos, os homens precisam de algo

mais, que os console e ensine sobre a importância da vida, da sobrevivência da alma ou de algo que fosse além da vida física, que é passageira. Dentro dessa procura por sabedoria em busca da vida além da vida e a continuação dela no mundo espiritual, a humanidade sofrerá grandes transtornos até que esteja preparada para compreender todas essas questões.

E naquele dia, essas foram as palavras de Jesus narradas pelo evangelista João 14: 15 a 17 e 30.

"Se me amais e guardais todos os meus mandamentos, rogarei ao Pai outro Consolador, que ficará convosco eternamente: o Espírito de Verdade, que o mundo ainda não pode receber, não vê, não conhece, mas vós conhecereis e recebereis, porque ele ficará convosco e estará em vós. Esse Consolador é o Santo Espírito que meu Pai enviará em meu nome. Ensinar-vos-á todas as coisas. Vós recordareis tudo quanto eu tenho dito."

Dando continuidade à palestra, ele disse: Se Jesus disse que no futuro nos mandaria um Consolador, é porque ainda não estávamos preparados espiritualmente para tomar posse de certas revelações. Isso nos mostra que, naquela época, Jesus não falou tudo, algo mais deveria ser revelado, e esclarecido à humanidade. Se o Consolador tinha o papel de relembrar, é porque Jesus sabia que, ao longo do tempo, a humanidade poderia adulterar seus ensinamentos. Ele tinha conhecimento de que o homem continuaria buscando em dogmatismos coisas que não teriam nenhuma importância para o crescimento da humanidade.

Irmãos, estamos cientes de que o Consolador virá, e está próxima a sua chegada, contudo, a data precisa não nos foi revelada.

Ao longo desses séculos, a Terra vem recebendo emissários do Senhor, e, em pouco tempo, ela estará estruturada para recebê-lo.

Mas falemos um pouco sobre esses espíritos que se encontram magnetizados.

Rogamos a Deus, que a volta deles à Terra possa impulsionar o progresso, principalmente esses que se encontram aqui na Colônia vivenciando a fase de criança. Na próxima oportunidade, eles reencarnarão com a mente e corpos perfeitos, para que possam utilizar para o bem todo o potencial de inteligência que conquistaram no mundo Estrela de Luz, antes de serem deportados para a Terra. Se utilizá-la para o bem e para a fraternidade, o desenvolvimento da ciência será acelerado.

Dentro desta possibilidade, o Orbe Terrestre dará um grande salto na área tecnológica, sendo possível que a medicina tenha descobertas imprescindíveis para a cura de doenças ainda em seu estágio inicial. Diante desta expectativa, num futuro próximo, a ciência obterá recursos para que o homem possa ter uma vida útil de mais de 100 anos. Utilizando mais tempo em um corpo, o espírito terá mais tempo para preparar melhor sua bagagem espiritual.

Entretanto, Jesus enviou para a Terra outros discípulos com conhecimentos no campo da ciência. Esses têm levado até lá experiências e descobertas importantes.

No século XII, Francisco de Assis reencarnou na Terra com a missão de unir a Igreja à simplicidade. Em sua singeleza contagiante, levou muitas almas a conhecer verdadeiramente os ensinamentos de Jesus. Ele não se preocupou com os dogmas criados pelo homem, mas sim, com os ensinamentos de Seu Mestre.

O planeta continua recebendo seus missionários, através da palavra que conforta, do amor e da caridade, mas principalmente, através do exemplo que modifica a alma e o coração.

Nos séculos XVI e XVII, as revelações aconteceram em grande escala. O mundo já estava preparado para receber orientações mais profundas. Pois tudo o que acontece na caminhada do progresso humano, está sob os desígnios de Deus. Nada acontece sem a permissão do Criador.

Dentro da evolução humana, o homem se perdeu diante dos ensinamentos de Jesus Cristo. Seguiu o caminho contrário do que Ele pregou e exemplificou. Ele pregou a paz e o perdão aos seus perseguidores, mas o homem coroado de poder, e desejando representar o Cristianismo, seguiu outros caminhos. Promoveu as guerras santas, esquecendo o ensinamento de Deus: *"não matarás!"* E durante muitos séculos, matou milhares. Como fora previsto, o homem, envolvido em seu orgulho e vaidade, adulterou os seus ensinamentos. Esqueceram-se da pureza das Doutrinas sérias, e mataram aqueles que eram fiéis aos princípios cristãos, em favor de uma doutrina materialista, dogmática e preconceituosa.

Seguindo os dogmas, criou os ditos anjos que se transformaram em um grande meio de comércio. Aqueles que deveriam pregar a simplicidade, passaram a exaltar essa arte. E a maioria deles era a favor dos pintores e dos artistas, e foram criadores dessa nova modalidade. Mas, sabemos que até o século II, os judeus acreditavam no anjo-da-guarda, como a grande maioria acredita.

Hoje uma grande parte dos habitantes do planeta Terra acredita nos espíritos bons ou maus. Jesus, quando esteve encarnado na Terra, defendeu sempre esse contato com os espíritos, através dos seus ensinamentos sagrados diferenciando entre os inferiores e os superiores, diante da sua mensagem esclarecedora que se encontra escrita.

Podemos dizer que, nos últimos tempos, os seres humanos estão retrocedendo para a época de Moisés. Através dos dez mandamentos, podemos ver que Moisés não era politeísta, pois era contra a adoração de anjos e das imagens feitas pelo próprio homem.

Com o passar dos tempos, o mercado dos anjos se transformou em um grande comércio que, até hoje, movimenta bilhões em moeda corrente. Mas não foi isso que Jesus nos ensinou. Ele nos disse: *"Chegará o dia em que o homem adorará a meu Pai que está nos céus em Espírito e Verdade".*

Um conhecido país europeu se transformou em uma verdadeira indústria dos anjos. Seus artistas tinham como meta pintar em tela aqueles que eram designados anjos, e eram obrigados a atingir a perfeição, ao retratar os mesmos, pois desse modo o trabalho alcançaria maior valor comercial.

Isso nos mostra o tamanho da inferioridade dos habitantes do planeta Terra.

Como o próprio Cristo disse, podemos falar com Deus na intimidade do nosso coração, não precisamos das coisas exteriores para nos representar perante Ele.

Sabemos que o espírito evoluído pode ir aonde quer através da vontade do pensamento ou do seu poder de ubiquidade (estar em todas as partes).

Se pudessémos compreender a velocidade do pensamento, teríamos um melhor entendimento a respeito da visão de Deus sobre a sua criação. Quando valorizamos a criatura, entendemos melhor o Criador. O pensamento é uma grande força criadora, e um exemplo disso é que, sendo simples e comum e não direcionado a nenhum objetivo, atinge a velocidade acima de quatrocentos mil quilômetros por segundos. E quando for projetado, terá uma visão maior do que podemos imaginar em colocação de números. A velocidade do pensamento não tem limite de tempo e espaço.

Entendemos que ele possui uma força viva, atuante e criadora, representando as imagens do que estamos pensando. Através dele podemos percorrer os espaços siderais pelo fluido cósmico, o veículo manipulador e multiplicador que leva nossos pensamentos a todos os espaços do Universo. Sabemos que o espírito está onde está seu pensamento. Se temos a capacidade de emitir pensamentos positivos, em favor da nossa saúde, do nosso equilíbrio espiritual, o que poderemos fazer em benefício do crescimento daqueles que estão ao nosso lado?

Mas infelizmente, não é isso o que acontece. O homem projeta seus pensamentos nas estrelas, em busca de algo desconhecido, esquecendo-se de que a estrela maior está dentro de si mesmo, que é a essência divina. Se projetarmos nossos pensamentos nela, seremos felizes.

Não podemos esquecer que somos o que pensamos, e sentimos as ações e reações do que fazemos. Porque tudo que fazemos é a concretização dos nossos pensamentos.

A Terra está chegando à sua idade madura, é o momento da separação do joio e do trigo, assim como Jesus, um dia, nos disse que isso ia acontecer, e está acontecendo.

Lembremos aqui a Parábola do Joio narrada pelo evangelista Mateus. Assim ele escreveu:

O reino dos céus é semelhante ao homem que semeou boa semente no seu campo; mas, enquanto os homens dormiam, veio o inimigo dele, semeou joio no meio do trigo, e retirou-se.

Quando, porém, a erva cresceu e começou a espigar, então apareceu também o joio.

Chegaram, pois, os servos do proprietário, e disseram-lhe: Senhor, não semeaste no teu campo boa semente? Donde, pois, vem o joio?

Respondeu-lhes: Algum inimigo é quem fez isso. E os servos lhe disseram: Queres, pois, que vamos arrancá-lo?

Ele, porém, disse: Não; para que, ao colher o joio, não arranqueis com ele também o trigo.

Deixai crescer ambos juntos até a ceifa; e, por ocasião da ceifa, direi aos ceifeiros: Ajuntai primeiro o joio, e atai-o em molhos para o queimar; o trigo, porém, recolhei-o no meu celeiro. 13: 24,30.

Sabemos que, a partir desse momento, a humanidade vai valorizar e muito a força do pensamento. Por um lado, aqueles que pensam positivo alcançarão substâncias criadoras e edificantes diante de suas dificuldades. Entretando, aqueles que ainda estão comprometidos com o mal, seus pensamentos atrairão o mal tanto quanto pensam, causando graves enfermidades em seus corpos perispirituais, que, um dia, serão lançadas para o corpo físico.

Portanto, as enfermidades, pelas quais passamos, são resultados de nossos atos e pensamentos negativos.

CAPÍTULO 4

AS MÚLTIPLAS EXISTÊNCIAS

Após encerramento da palestra, enquanto me dirigia para o local de meus afazeres diários, meditava profundamente sobre tudo que ouvira. E, nesse momento, relembrei o final do emocionante relato do casal vindo do mundo Estrela de Luz, referente aos seus antepassados que estavam na Colônia.

Aquela senhora sempre gentil e educada, disse-nos:

– Meus irmãos, enquanto nos dirigimos até o departamento onde se encontram nossos familiares, vou lhes contar mais detalhes dessa história.

Assim que ela terminou, Simeão, que se mantinha em silêncio, se pronunciou:

– Esses espíritos tiveram muitas oportunidades reencarnatórias lá na Terra?

– Todos eles tiveram outras oportunidades de reencarnar na Terra com o propósito de se melhorarem.

No mundo Estrela de Luz, quando programávamos o retorno ao corpo físico, conscientes das dificuldades a vencer, todos eles se dispuseram a viver em situação de grande precariedade financeira,

para que pudessem valorizar a oportunidade recebida, e viveriam a simplicidade. Mas infelizmente, ao reencarnarem, não suportaram a situação de pobreza e, novamente, se complicaram, e foi isso que contribuiu para a extradição deles.

Não aguentando a condição em que viviam, procuraram, por meios ilícitos, melhorar-se de vida. Continuar naquela situação de pobreza lhes feria a alma. Na verdade, sentiam o orgulho ferido, pois traziam registrada no perispírito a marca da ambição. Não pouparam esforços para adquirir dinheiro e poder. Em algumas oportunidades, eles se infiltraram no meio religioso e, assim, rapidamente, aprenderam a enganar e a trapacear os fiéis. Em pouco tempo, fundaram suas próprias instituições religiosas, e anunciavam a todos que estavam curando. Arrumavam pessoas para se passarem por doentes dos mais diversos tipos, e elas davam falsos testemunhos, tudo com o propósito de que os seguidores espalhassem aos quatro cantos que, naquela igreja, se faziam milagres. A notícia se espalhou rapidamente, e a maioria dos frequentadores deixava grandes somas em dinheiro em troca da cura. Eles começaram a viajar e levavam consigo esses indivíduos para fazerem espetáculos. Assim, centenas e centenas de pessoas, que não detinham o mínimo de conhecimento, passavam a frequentar essas organizações religiosas na ânsia de ficarem curadas.

Mas, perante a lei de Deus, tudo acontece conforme o merecimento de cada um. Somente ficaremos curados, quando nos libertarmos das nossas imperfeições morais. Por isso, só a própria pessoa pode se curar, combatendo as tendências para o mal, tirando do coração todas as formas de vício, como o orgulho e o egoísmo... Quando os homens se libertarem dessas imperfeições, alçarão voos, e poderão viver em plena paz. Novos conceitos e conhecimentos do bem aproximam o homem de Deus, mas, infelizmente, nossos irmãos continuaram pregando falsamente em nome de Deus, enganando e trapaceando. A lei da afinidade regia a todos. Enriqueceram-se rapidamente, pois a muitos escravizavam com a promessa de cura. Pregavam que os seguidores deveriam vender todos os seus bens e ofertá-los à igreja, prometendo vida eterna, pois Deus lhes daria tudo de volta e em dobro. Ao se sentirem envolvidos por aquele grupo, eles pensavam que, realmente, seriam recompensados, sem fazer o mínimo de esforço.

Quando os doadores reclamavam que não haviam recebido a recompensa prometida, eles alegavam que era por falta de fé, e ainda diziam que deveriam aumentar o valor das doações. E assim os dirigentes do templo viviam entre luxos e pompas, mas juntamente com essa riqueza vieram os vícios. A promiscuidade sexual era preponderante entre os dirigentes, e suas vítimas eram da própria igreja. Isso levou à destruição de muitas famílias. Diante de tantas tragédias, a maioria das pessoas perdeu a alegria e a vontade de viver, optando pelo suicídio. Todos os lugares por onde passavam, tornavam-se verdadeiros sugadores.

Quero lhes dizer que todos nós temos o livre-arbítrio e, com toda a certeza, tudo que houvermos plantado, seremos levados a colher.

E como se isso não lhes bastasse, em algumas oportunidades reencarnatórias, também se envolveram com a política; porém no sentido mais baixo. Tornaram-se verdadeiros tiranos. Aproveitando-se do poder que possuíam, dominaram vários povos, causando sofrimentos a milhares de pessoas. Criaram partidos revolucionários para dominar os mais ignorantes, e chegaram ao ponto crítico, tirando todo o tipo de liberdade de ação de seus subordinados. A cada dia fortaleciam seus exércitos. Com o poder e a força, dominavam as populações que não comungavam dos mesmos ideais que eles.

Somos livres para fazermos o que bem entendermos, mas sempre chega o momento de retornarmos à pátria espiritual e, com certeza, continuaremos a ser nós mesmos, nos manteremos na mesma vibração, e iremos para junto de nossos afins. E assim aconteceu com nossos irmãos. Ao chegarem ao plano espiritual, se organizaram e continuaram a dominar, escravizando espíritos e formando uma grande falange. Causaram terríveis sofrimentos, não somente a si mesmos, mas a milhares. Depois de séculos praticando mal naquele mundo, a Misericórdia Divina promoveu a deportação desses espíritos para o planeta Terra, bem no início de sua formação. Foram acolhidos nesse planeta em razão das baixas vibrações em que viviam. Assim, iniciaram o seu sofrimento e a sua purificação, vivendo em corpos densos e pesados. A Terra, como um mundo primitivo, era completamente desprovida de recursos.

Reencarnaram junto com os primatas terrestres, exatamente, para dar a sua contribuição ao processo de desenvolvimento do planeta. Para esses espíritos, era como se tivessem saído de uma metrópole para entrar em uma selva bravia. Precisaram lutar pela sobrevivência, enfrentando todos os tipos de dificuldade que um planeta primitivo oferece. Mas, nem por isso regrediram espiritualmente, apenas estacionaram.

No princípio, a Terra era uma verdadeira selva, e esses homens dormiam nas copas das árvores. Em determinada época, descobriram que dentro dos rios e mares havia algo que lhes poderia servir de alimento. Então, em um primeiro impulso, jogavam-se na água para apanhar aquilo que lhes sustentaria, mas, como não sabiam nadar, acabavam morrendo. E assim foi acontecendo, até que aprendessem a nadar. E dessa forma, foi ocorrendo a evolução deles. Escondiam-se em cavernas e eram perseguidos por animais ferozes, que constantemente os atacavam. Aos poucos, os conhecimentos, que estavam latentes na consciência espiritual deles, foram se desabrochando, permitindo que começassem a se defender dos animais. Porém, há milênios, esse grupo de espíritos vem praticando os mesmos delitos. E, depois de todo esse tempo de permanência aqui na Colônia, acalentamos a esperança de que agora despertem para a vida no bem. Pois sabemos que o Pai é todo bondade, não abandona e nem desampara seus filhos amados. E, diante dessas dificuldades vividas por eles e, também do processo pelo qual estão passando, nós assumimos o compromisso de trabalhar diretamente com eles, envolvendo a todos em vibrações positivas, para que, ao despertarem, possam voltar a reencarnar na Terra.

Aí entra a vontade de Deus, que é soberana sobre todos os nossos pensamentos e ações. A bondade de Deus está além da nossa imaginação. Ele criou as Leis Universais, e essas são imutáveis, estão além do entendimento do homem.

O planeta passou por uma grande limpeza espiritual, permitindo que ali pudesse se encarnar, e sem maiores dificuldades, a sua maior autoridade, o construtor do planeta. A sua vinda já tinha sido anunciada pelos profetas, e era chegado o momento da encarnação de Jesus no seio da humanidade. Esses espíritos que aqui se encontravam não poderiam mais permanecer, no plano terrestre, nem mesmo como desencarnados, pois isso aumentaria ainda mais a perturbação existente entre os homens ali encarnados. Isso se deu para que as falanges de espíritos encarregadas da preparação da vinda de Jesus tivessem liberdade em suas ações, sem interferências dos pensamentos negativos que eles poderiam tentar imprimir no coração dos homens.

Como muitos de você têm conhecimento, primeiramente, foram levados para as câmaras magnetizadoras, mas como o progresso é uma constante na vida de todo o Universo, eles precisaram novamente ser retirados de lá, e aqui estão sob o amparo divino.

Quando estavam encarnados, pensavam que não existia nada mais além da vida física e, por isso, abusaram das oportunidades que tiveram, praticando todos os tipos de atrocidades. Tiraram proveito da inteligência privi

legiada que tinham. Sabemos que, um dia, eles acordarão desse sono profundo no qual se encontram, e que chegará o dia em que todos eles despertarão para uma nova vida. Saberão que a mesma força que os leva para o mal também pode levá-los ao bem. Jesus disse que não quer que nenhuma de suas ovelhas se perca.

Deus conhece nossas fraquezas e dificuldades, mas também sabe que, um dia retornaremos ao caminho do bem.

Após, o momento de recordação, irmã Marina se aproximou e disse: - Ismael, aquele casal foi um dos primeiros a chegarem aqui, vindos do mundo Estrela de Luz. São espíritos de alta envergadura espiritual, que voltaram a se encarnar na Terra, com o objetivo de ajudar seus familiares, recebendo-os como filhos, no firme propósito de encaminhá-los no bem.

CAPÍTULO 5

PLANETA TERRA EM TRANSIÇÃO

Ao sairmos em visitação à enfermaria, era possível notar uma considerável mudança naqueles espíritos, após uma encarnação na Terra. Preocupado, mentalmente questionei: Que sérios problemas poderão ocorrer, quando esses espíritos voltarem a se encarnar na Terra? Davi, que se juntara a nós, sempre generoso, me respondeu através do pensamento: - Ismael, Deus permite que o mal possa conviver com o bem, para que haja certo equilíbrio, e, aquele que segue o mal possa ter o exemplo do bem. Para que aqueles que estão seguindo o caminho do bem, vendo o mal e suas consequências, possam consolidar em si a bondade.

E Marina continuou esclarecendo os fatos: - Ismael, a partir daquela data, gradativamente, esses espíritos iluminados foram se aportando aqui. Mas, foi exatamente, no final do século passado, que aconteceu o ápice desse evento. Esses deixavam para trás uma vida harmoniosa para enfrentarem na Terra a difícil, mas importante missão de ajudar os seus entes queridos, que se encontravam magnetizados. Eles têm um compromisso a cumprir, trazê-los de volta ao convívio da sociedade, agora de forma consciente e equilibrada.

Jesus encaminhou milhares de espíritos abnegados, compenetrados no amor e na fraternidade, que pudessem ajudar esses irmãos a sair da sombra e voltar para a luz. Só assim, poderiam compreender a importância de se reformularem atos e pensamentos, seguindo tudo aquilo que vivenciou e pregou.

Na maioria das vezes, só falar não basta. As palavras, às vezes, convencem quem está ouvindo, mas o exemplo de Jesus continuará a arrastar multidões ao longo da eternidade.

Todos aqueles que tiveram a oportunidade de ouvir os Seus ensinamentos, mesmo que demore, um dia, serão levados pelo Seu exemplo. Essa é a forma mais eficaz de tocar corações. Também os espíritos que se encontram em evolução em outros planos, tiveram a oportunidade de conhecer os Seus ensinamentos e exemplos.

Aos que receberem tais ensinamentos e não se esforçarem para seguir o caminho do bem, serão mais uma vez, deportados para mundos inferiores à Terra.

Deus jamais criaria um ser determinado para a imperfeição e a maldade. Ele colocou em cada um de nós uma centelha divina que, no decorrer de nossa caminhada evolutiva, germinará. Para muitos, essa semente ainda está em estado latente, mas sabemos que, um dia, estando ela em terra fértil, vai germinar e dar bons frutos.

Ninguém está sozinho e nem desamparado. Essa inclinação para o mal ou para o bem é uma escolha própria de cada indivíduo. E essa capacidade de escolher, Deus nos dá no ato da criação.

Nossos irmãos vindos do Mundo Estrela de Luz, além de ampararem a seus antepassados, têm como objetivo alavancar o progresso da humanidade, trazendo valiosos conhecimentos nos campos científico, filosófico e moral.

Rogamos para que nossos irmãos, através do convívio com esses espíritos de luz, possam avançar moralmente.

Entre esses espíritos, magnetizados, estão cientistas, com alto poder de persuasão e liderança, mas também, grandes administradores. Se ao reencarnarem, aplicarem sua sabedoria para o bem, além de impulsionarem o progresso daquele mundo, darão um enorme passo para o próprio crescimento.

A maioria deles renascerá principalmente no Velho Mundo. Alguns desses espíritos estão sendo preparados para reencarnar principalmente nas regiões da Europa, Ásia, Rússia, África, na Índia, Japão e em vários outros lugares do planeta. Ao renascerem nos países mais desenvolvidos, terão o papel de alavancar o progresso desses países. Apesar de sabermos da inferioridade moral deles, os quais poderão causar calamidades no seio da humanidade, sabemos que assim tem que acontecer. Existe a lei de causa e efeito, e tudo gira em torno dela. Deus nosso Pai governa o Universo com suas sábias leis, que são imutáveis.

Na maioria das vezes, é necessário passarmos pelo sofrimento e dor, para que possamos crescer.

Desde a chegada dessa equipe, foram realizados muitos encontros para definirem como seria o reencarne desses espíritos. A movimentação foi intensa, e os projetos minuciosamente examinados.

Em breve, virão outras equipes. Eles estarão preparados para dar sustentação e alavancar ainda mais o progresso do mundo nos séculos XIX e XX, tempo em que começará uma gigantesca revolução científica.

Grande foi a minha surpresa, ao passarmos por uma das enfermarias, pois ali nos reencontramos com o casal que, há muitos séculos, tinha se materializado no jardim da Colônia. Emocionado, fomos ao encontro dos dois e este foi marcado por longa conversação a respeito de seus antepassados.

A senhora, agora mais confiante, disse-nos:

Após todo esse tempo juntos, estamos acreditando no despertamento deles, para uma vida de paz e equilíbrio. Em breve, reencarnaremos na Terra, e no tempo previsto, receberemos alguns deles como nossos filhos do coração.

Enquanto nossa irmã falava, eu pensava: "Por mais que o espírito seja rebelde, ele sempre tem alguém que o ama: um pai, uma mãe ou filho, todos têm-no como um ente querido que desejam ajudar. Realmente, ninguém está perdido e sozinho nesse mundo. Por isso é que dizemos que Deus sempre dá um jeito para tudo".

Recordei-me das palavras de nossa irmã, quando ela disse que esses espíritos levariam muito tempo até que despertassem suas consciências no amor e no perdão, e começassem uma vivência de devotamento ao seu semelhante.

No século XIX, mais uma vez, a Terra recebeu um considerável número de espíritos, que se encontravam adormecidos na Colônia Casa de Misericórdia.

CAPÍTULO 6

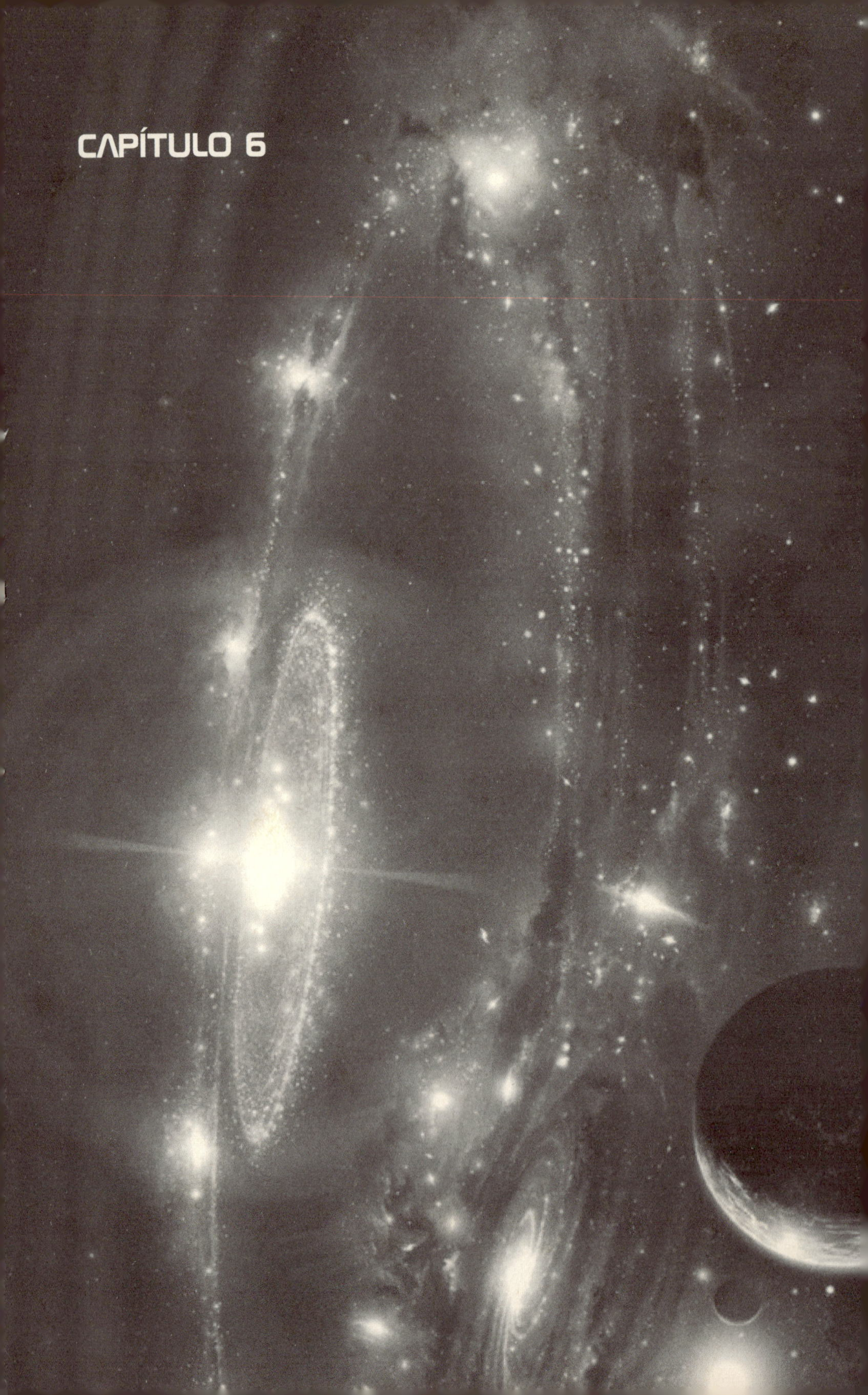

A CHEGADA DA LUZ

Era um processo natural ver chegar à Colônia uma plêiade de espíritos superiores para dar sustentação no processo reencarnatório daqueles espíritos, que, gradativamente, estavam sendo desmagnetizados. E assim foi a preparação do retorno deles à Terra, depois de permanecerem mais de dois milênios desencarnados. A reencarnação daqueles irmãos era gradativa, e de acordo com as condições evolutivas e merecimentos de cada um.

Era um trabalho de preparação junto aos seus familiares, especialmente àqueles aos quais não tinham afinidades espirituais. Estavam presentes na Colônia as companheiras de muitos deles, que tinham sido suas esposas por várias reencarnações no mundo Estrela de Luz e em algumas oportunidades no Orbe Terrestre.

Segundo Marina, a maioria, ao despertar, deixava transparecer o ódio e a raiva que estavam cristalizados dentro de si. Só depois de um longo período de estudo e de receber passes magnéticos, eles se libertaram de tais energias. Conscientes da necessidade de se melhorarem ao sentirem a presença dos seus familiares, mantiveram entre eles um diálogo sincero sobre a realidade da vida, sobre o que poderia lhes acontecer dali para frente, e quais seriam os seus compromissos e que provações teriam de enfrentar na Terra.

O momento era de comoção, ver espíritos que não tinham mais compromissos de reencarnar na Terra, e o faziam por amor.

Deus, nosso Pai de amor, sempre concede oportunidades a seus filhos. Ele jamais os enviaria para mundos inferiores, sem antes dar-lhes a oportunidade de passar pela vida física. Aqueles que superarem as suas dificuldades, permanecerão no plano terrestre.

Passaram-se alguns anos da minha chegada àquela Colônia, quantas boas surpresas no decorrer desse tempo. A vida é assim, após permanecer séculos longe dali, pude novamente participar de um momento importante na vida daqueles espíritos. De alguns presenciei o despertamento, e o momento da reencarnação, e da maioria quando retornavam de uma encarnação na Terra. Ao visitarmos o departamento de acolhida, podíamos sentir a recepção fraterna dos familiares com o espírito recém-desencarnado.

Certa vez, ao entrarmos em uma das enfermarias, pudemos ouvir o diálogo de um espírito, que se reencontrava com a mãe, após ter ficado longe dela mais de dois mil anos. Pela fisionomia sisuda e gestos grotescos, dava-nos a entender que aquele espírito tinha sido uma pessoa dominadora. Em um lapso de segundo, voltando ao seu passado, ele relembrou-se de algo, e, vivendo uma angústia, quis saber notícias do mundo Estrela de Luz.

A mãe, após aconchega-lo nos braços, disse:

- Meu querido, há bastante tempo, você vivia neste mundo, mas, equivocadamente, não deu o devido valor a tudo que possuía. Deixou-se levar pela porta larga dos prazeres, e teve que ser deportado. Desta vez, reencarnaremos na Terra, eu para ampará-lo, e você para se esforçar em domar suas más tendências. Se não conseguir superar suas dificuldades e imperfeições morais, avançando pelo menos um passo, demonstrando verdadeira boa vontade em se melhorar, novamente poderá ser exilado para mundos inferiores.

Aquele espírito que até então tinha a aparência sisuda, agora chorava baixinho. Ele ouvia cada palavra e era notável que ele sentia na alma verdadeiro arrependimento. Mostrando-se ansioso, ele queria saber mais notícias do mundo em que vivera.

A mãe que, neste momento, orava em seu favor, e olhando fixo em seus olhos, falou: - Filho, o mais importante agora é que não se deixe dominar pela tristeza pelo fato de ter se lembrado dos bons tempos vividos naquele mundo, e que, por rebeldia mesmo, não soube valorizar. Você não perdeu seu potencial de inteligência, o que já conquistou com seu esforço, mas não nos esqueçamos de que essa oportunidade é concedida somente pela Misericórdia Divina. Aproveite essa oportunidade de poder voltar ao plano terrestre, e não se deixe levar pelo egoísmo e orgulho exacerbado, caminhe confiante na direção do bem.

Estaremos sempre ao seu lado para ajudá-lo, e com os conhecimentos que conquistou, você poderá desenvolver em si o amor, e ajudar no progresso da Terra. Todo o mal que causou a muitos deverá ser ressarcido através do amor que precisa ser incondicional. Estamos no final dos tempos preditos no Apocalipse. Não quero com isso dizer que o mundo acabará, o que vai acontecer é uma importante mudança, pois já estamos vivendo no século XIX da Era Cristã.

A sua última encarnação se deu há mais de dois mil anos na Terra, e esse planeta alcançou grande progresso desde que fora retirado de lá. Ele saiu do primitivismo da época em que Jesus Cristo se encarnou, e agora inicia o seu processo de transição, passando de mundo de Prova e Expiação para mundo Regenerado, tempo este em que o amor sobreporá o mal.

O filho, com a mente ainda um tanto perturbada, perguntou:

– E quem é Jesus Cristo?

Surpresa com a pergunta, responde:

– O Cristo, meu filho, é o Espírito mais evoluído que já se encarnou na Terra. Num passado bem distante, quando habitava o mundo Estrela de Luz, você pôde conhecer os seus ensinamentos, mas infelizmente não teve a força e a coragem necessária para colocá-los em prática. Lá, Ele é chamado de O Cristo, Filho do Pai. Hoje, Ele se encontra infinitamente distante de nós, em níveis de evolução, e é o Governador dos Sistemas de Capela e Solar.

– Quais crimes pratiquei naquele mundo, para resultar na minha expulsão? - Voltou a inquirir.

– Infelizmente, você praticou crimes bárbaros. Aproveitando-se de sua inteligência privilegiada, seguiu por caminhos tenebrosos, o que resultou em sua extradição. E, estando na Terra, por várias oportunidades reencarnatórias, mais vezes protelou a sua evolução.

– Mãezinha, continuaremos sob a tutela Deste Espírito de luz, e se não conseguirmos melhorar-nos, teremos outra chance?

– Sempre teremos novas oportunidades. Todos aqueles que não aproveitarem essa chance, novamente serão extraditados para mundos condizentes com a evolução de cada um. Por isso, esteja sempre vigilante, aproveite este momento. Deus sempre nos dá outras chances para nos reajustarmos com Suas leis.

— Você se recorda de algum detalhe do tempo em que foi deportado do mundo Estrela de Luz? - Perguntou a mãe.

— Acredito que estas lembranças ficaram perdidas no tempo. No momento, o máximo de que consigo me lembrar foi a época em que vivi no Egito, como Faraó.

— Filho, sua mente parou no tempo, ela ficou paralisada nas tragédias, que você e seus companheiros provocaram, e nas terríveis perseguições que fizeram contra os descendentes de Caim. E tudo isso, simplesmente, porque eles tinham fé viva e acreditavam em um Deus único. O mal praticado deixou marcas profundas em seu corpo perispiritual. Quando retornou ao plano espiritual, o que você fez? - Continuou a praticar o mal em alta escala. Construiu cidades nas regiões trevosas, para fazer daqueles devedores das leis de Deus, seus prisioneiros, liderando um volumoso exército.

Devido à influência negativa que exerciam sobre os encarnados que vibravam na mesma sintonia que vocês, continuaram a promover as guerras e, com isso, milhares de vidas foram ceifadas. O que fizeram com as tribos de Jacó, de Isaac e outras tantas? A perseguição se alastrou como chama colocada na ponta de um pavio com combustível. Mataram de forma cruel aquele povo, que tinha a missão de levar ao mundo a ideia de um Deus único.

Nem Moisés ficou livre de suas perseguições. Com poder de persuasão, conseguiram influenciar os homens contra ele, incentivando-os a fabricar um bezerro de ouro, para que o povo o passasse a adorar. Quantas vidas foram ceifadas, quando Moisés desceu do monte. Toda essa matança aconteceu por seu incentivo.

Aquelas pessoas, que foram assassinadas por você, tiveram seus espíritos aprisionados pelo seu grupo, e forçados a praticar o mal.

Mas, antes de se encarnar na Terra, Jesus os retirou de lá. E, hoje, estão despertando da magnetização a vocês imposta. Mesmo magnetizados, tinham a capacidade de ouvir os ensinamentos do Cristo. Logo após a sua crucificação, Ele fez questão de visitá-los nas câmaras magnetizadoras.

Voltando ao mundo físico, assumimos o compromisso de conduzi-los no caminho do bem e do amor, para que, um dia, possam retornar à casa do Pai. Temos esperança de que vencerão. Meu querido, quero que ouça uma das parábolas que foi dita por Jesus Cristo. Ela nos trás grandes ensinamentos e nos faz refletir na importancia de voltarmos e refazermos nossos caminhos no bem. A Parábola do Filho Pródigo é muito própria para o momento. Ela foi narrada pelo evangelista, (João 15:12).

"E Jesus disse ainda: - Um homem tinha dois filhos.

E o mais moço deles disse ao pai: Pai, dá-me a parte dos bens que me pertence. E ele repartiu entre eles a fazenda.

Poucos dias depois, este filho mais novo juntou toda a parte dele, viajou para uma terra distante, e ali gastou todo o dinheiro com festas e prostitutas.

Depois de ter gasto tudo, houve uma grande fome em toda aquela região, e ele começou a passar necessidade.

Foi então a um fazendeiro local pedir para trabalhar na fazenda, cuidando dos porcos.

E desejava encher o seu estômago com as bolotas que os porcos comiam, e ninguém lhe dava nada. Caindo em si, ele pensou: "Quantos trabalhadores do meu pai têm comida de sobra, e eu estou aqui morrendo de fome!"

Levantar-me-ei, e irei ter com meu pai, e lhe direi: Pai, pequei contra o céu e contra ti; já não sou digno de ser chamado teu filho; trata-me como um dos teus empregados.

E, levantando-se, foi para seu pai; e, quando ainda estava longe, viu-o seu pai, e se moveu de íntima compaixão e, correndo, lançou-se-lhe ao pescoço e o beijou.

O filho lhe disse: "Pai pequei contra o céu e contra ti. Não sou mais digno de ser chamado Teu filho."

Mas o pai disse aos escravos: "Depressa! Tragam a roupa mais bonita e rica da casa para vestir nele. Um anel de pedras preciosas e sapatos!

Matem o melhor bezerro que temos. Precisamos fazer uma festa, para comemorar nossa alegria."

Porque este meu filho estava morto e viveu de novo; estava perdido e foi achado.

E começaram a festa.

E o seu filho mais velho estava no campo; e quando veio, e chegou perto de casa, ouviu a música e as danças. E, chamando um dos servos, perguntou-lhe que era aquilo.

E ele informou: Veio teu irmão, e teu pai mandou matar o novilho mais gordo, porque o recuperou com saúde.

O filho mais velho encheu-se de ira, e não quis entrar. Então seu pai saiu e insistiu com ele.

Mas ele respondeu a seu pai: "Há tantos anos que te sirvo sem jamais transgredir uma ordem tua, e nunca me deste um cabrito sequer para alegrar-me com os meus amigos;

Já quando volta este seu filho, depois de gastar o dinheiro do senhor com prostitutas, o senhor comemora matando o melhor bezerro que temos na fazenda!"

Replicou-lhe o pai: "Filho, tu sempre estás comigo, e tudo o que é meu é teu;

Porém é justo comemorarmos, pois ele é o Teu irmão; estava morto e voltou a viver! Estava perdido e foi achado!" - O Orbe Terrestre, hoje, caminha a passos largos, em direção ao progresso da fraternidade e do amor. Os ensinamentos que Jesus nos deixou estão tocando intimamente no coração e na alma de milhares de pessoas: Ouça, também, um dos ensinos de nosso Mestre Jesus: *"Amai vos uns aos outros como eu vos amei". João 15:12.* Todos serão agraciados com a oportunidade, que é uma dádiva de Deus, porém, é necessário que trabalhemos juntos em prol do nosso crescimento espiritual, reformulando nossas atitudes e modo de pensar.

Filho, apesar de todo esse avanço, o plano terrestre está sendo classificado como um mundo intermediário, onde o bem ainda é sufocado pelo mal, mas, gradativamente, e de acordo com o progresso da humanidade, tudo será diferente. Infelizmente, a evolução científica caminha à frente das virtudes espirituais.

O homem só tem um objetivo que ainda não é compreendido por ele: "É a busca da felicidade". Todavia, ele vive iludido, imagina que a felicidade vem através dos bens materiais que consegue adquirir, e se esquece de que esses são passageiros. A vida física é uma manifestação da alma na Terra. A felicidade existe na intimidade de cada ser, é uma situação espiritual. É conquista de cada um, e somente o espírito evoluído consegue ser feliz. Ele ainda não conseguiu compreender isso. Deixa sempre as questões espirituais para depois, esquecendo-se de que ele não é somente um corpo, e sim, um espírito que está no corpo em busca do seu autoaperfeiçoamento. Ao reencarnar, dedica todo seu tempo para acumular bens materiais. No entanto, nada disso levará ao deixar esse mundo. Só as virtudes, os valores espirituais, como também, todos os vícios, apenas isso o acompanha para a vida espiritual.

Ouça, filho amado, as palavras do nosso Mestre: "- O homem é mais frágil do que perverso, porque vive num mundo de ilusão". Quando descobrir que os bens espirituais são a maior riqueza que tem e é o que leva consigo após a sua morte, ele caminhará através de Seus ensinamentos.

O mal ainda tem certo predomínio na Terra. Por ele, os homens são mais atraídos. No futuro, não distante, o bem sobrepujará o mal. Nesse tempo, o Orbe estará vivendo em seu processo de regeneração, porque, depois de tantos sofrimentos, a humanidade compreenderá que o amor é o mais importante valor que temos. O amor, a que estamos nos referindo, é o devotamento ao próximo, quando este é a continuação de nós mesmos. Ouça mais um dos ensinos de Jesus: *"Buscai antes o reino de Deus e todas estas coisas vos serão acrescentadas." Lucas 12:31.*

– Filho, rogo a Jesus para que você compreenda todos esses ensinamentos.

Ouçamos o que aquele espírito disse:

Minha mãe, sinto-me como se estivesse tolhido do entendimento completo de suas palavras. Minha mente está dividida. Em alguns momentos, compreendo perfeitamente o que diz, em outros, sinto certo distanciamento dele.

Com o olhar compassivo, a abnegada progenitora conclui dizendo: - Não se deixe abater pela tristeza. Após ficar milênios adormecido, é natural que isso aconteça. Com o passar do tempo, sua mente estará aberta ao entendimento. Em breve, voltaremos a falar sobre esse assunto tão importante. Nesta oportunidade reencarnatória, serei novamente sua mãe, e farei de tudo para que consiga caminhar dentro dos preceitos do Cristo.

Filho, sabíamos que todos os que aqui estão, receberiam nova chance de se encarnar na Terra, e por isso,rogamos ao Governador do Mundo Estrela de Luz para que viéssemos até aqui para ampará-los. É imprescindível que saibam que não foi fácil chegar a esta Colônia. Estamos aqui sob a Misericórdia Divina, e não podemos fazer além do que a lei de Deus permite. Como mãe, me proponho encaminhá-lo ao bom caminho.

Seu pai e aquela bondosa alma, que foi sua esposa, estarão reunidos para ampará-lo nessa caminhada de redenção. Sabemos que será bastante difícil ter que passar por essa experiência na carne, depois de permanecer todo esse tempo adormecido. Mas, estamos confiantes de que vencerá.

CAPÍTULO 7

ALMAS AFINS

Ainda me encontrava envolvido naquele diálogo entre mãe e filho, quando percebi que um imenso raio de luz branca vinha em minha direção. Para minha surpresa, ouvi a voz de Doralina que a sorrir chamava pelo meu nome. Esse espírito evoluído e eu fomos casados, inúmeras vezes, no mundo Estrela de Luz, e outras tantas no Orbe Terrestre. Após reencarnarmos como marido e mulher ao lado do grande missionário Francisco de Assis, no século XIII, ela e nossos filhos haviam retornado àquele mundo. Ao avistá-la, como sempre me acontecia, senti certo constrangimento, mas ao me aproximar dela, forte emoção tomou conta de mim. Depois de abraçá-la calorosamente, ela, como sempre, disse-me palavras consoladoras.

Diante de minhas dívidas impressas na contabilidade divina, eu continuei a encarnar na Terra para quitá-las, pois, somente quando tivermos com a nossa consciência tranquila, conquistaremos a felicidade plena.

Ela, demonstrando serenidade no olhar, disse:

— Ismael, meu querido, mais uma vez reencarnaremos na Terra juntos, e nessa oportunidade, seremos agraciados com o advento do Espírito de Verdade. Jesus está cumprindo a sua promessa. Na véspera de sua crucificação, Ele disse aos Apóstolos que rogaria ao Pai que nos enviasse o Consolador, e esse tempo se aproxima. A Terceira Revelação nos dará suporte para que possamos entender o porquê dos nossos sofrimentos e dores. Com a Doutrina Espírita, teremos mais facilidade para compreender o seu Evangelho. Essa nova Doutrina terá a missão de iluminar as consciências daqueles que já estão preparados para recebê-la. O Consolador terá o papel de recordar aos homens tudo aquilo que foi dito, esquecido ou mal compreendido, pois seus ensinos ao longo do tempo foram mal interpretados por aqueles que se diziam portadores dos dons divinos. Todos nós, mais uma vez, teremos a sacrossanta oportunidade de beber nesta fonte as bênçãos dos ensinamentos do Cristo Jesus.

Mas também, passaremos pela era do Apocalipse, prevista pelo apóstolo João, um período de grandes catástrofes: terremotos, vulcões, furacões e todos os tipos de guerras. Mas, tudo isso não é o fim do mundo, Deus não deixará que isso aconteça. Por mais que o homem cause discórdia, o mundo está sempre sob o comando Dele.

O planeta Terra, dentro das leis naturais, terá que passar por uma grande transformação. Não é necessário temer, esse é um processo natural que acontece em todos os mundos que estão passando pelo período de transição.

– As transformações de que fala são as tragédias naturais?

– As calamidades acontecem desde sempre. Vulcões se levantam, provocando catástrofes, e depois voltam ao seu estado normal, adormecendo. Há um fato que o homem ainda tem dificuldade de compreender. Com o aumento do número de habitantes, quando acontece alguma tragédia natural, o efeito é mais devastador, pois a população é muito maior. Todos esses fenômenos acontecem dentro de uma normalidade.

Ismael, não se esqueça de que a principal e mais importante transformação pela qual o planeta deve passar é moral. É essa que devemos promover em nós.

Aquelas palavras estavam envolvidas em sentimento de amor e sabedoria, e aproveitando a pausa que fizera disse-lhe:

– Doralina, o diálogo daquela mãe com seu filho muito me emocionou, porém, observei que essa mãe, mesmo sendo um espírito bastante evoluído, deixou transparecer certo receio de que o filho tivesse dificuldades para vencer as mazelas que estão cristalizadas em seu espírito. Você acha que a preocupação dela seja de que, ao reencarnarem, esses espíritos continuem a provocar guerras, causando destruições em massa? - Ao que ela respondeu:

– Essa preocupação é inerente a todos esses espíritos que aqui se aportaram, vindos do mundo Estrela de Luz. Isso por que seus familiares se encontram aqui na Colônia adormecidos há quase dois mil anos. Quanto às guerras, elas sempre aconteceram na Terra. Sabemos que a influência desses espíritos no meio político provocará naquele Orbe grande repercussão, mas com o conhecimento intelectual que eles têm, irão alavancar o progresso e, querendo ou não, serão importantes para a chegada do Consolador.

Ao perceber o meu sobressalto com aquela afirmativa, ela pegou a minha mão e disse:

– Ismael, sei que aqui na Colônia existem vários jardins, seria possível que você me acompanhasse a um deles?

Quando nos aproximamos, ela falou:

– Quero que observe a beleza deste ambiente. Veja aquelas rosas ainda em botão, e também, aquelas já abertas! Olhe atentamente cada planta, da maior à menorzinha delas. Todas as plantas que compõem este jardim, um dia, foram minúsculas sementes que foram plantadas e renovadas por milhares de vezes. Assim também é o ser humano. Cada vez que se encarna, é tempo de renovação, e na medida em que se aprimora, vai se iluminando, e desse modo, segue sua caminhada rumo a planos celestes.

Temos certeza de que parte desses espíritos conseguirá caminhar. Nesta primeira oportunidade,a maioria deles renascerá em corpos deficientes, com muitas dependências, necessitando sempre da presença de corações abnegados para ampará-los. Serão privados da fala, da visão e outras dependências fisiológicas que requererão cuidados especiais.

Ao olhar para esses corpos deficientes, muitos questionarão: - Por que Deus permite que uma pessoa sofra tanto quanto este nosso companheiro? E ainda indagarão: - Que proveito poderá ter alguém vivendo uma vida vegetativa?

– Mas eu lhe digo que dentro das leis de Deus e da concepção da vida espiritual, vemos que aquela situação é uma valiosa oportunidade divina para que possamos dominar nossas más inclinações, vivendo em corpos sem nenhuma condição de manifestar nosso potencial de inteligência e nossa capacidade espiritual.

Ainda contemplávamos a beleza do lugar, quando indaguei Doralina sobre nossos filhos. Diante de momento delicado para mim, ela disse:

– Eles vivem no mundo Estrela de Luz. Quando do nosso último encontro na Terra, eles conseguiram vencer suas provas, e, portanto, não necessitam voltar à Terra, claro, a não ser que seja em missão.

Então, voltei a questionar:

– Que motivo a leva a reencarnar na Terra? Pois sei que já alcançou alto patamar evolutivo?

– Meu querido, a minha volta à Terra se deve ao fato de que ainda tenho um compromisso com você. Dessa vez, coloquei-me à disposição para ficar ao seu lado até que cumpra todos os seus compromissos, resgate seus débitos e, um dia, poderemos juntos voltar ao nosso mundo de origem.

Era impossível não chorar. Eu tinha o dever de refazer as lições de casa, pois inúmeras vezes havia sido reprovado. Ao sentir a tristeza e a amargura que invadiam minha alma, ela continuou dizendo:

– Não se entristeça, reencarnar no Orbe Terrestre, neste momento, é uma importante oportunidade para aqueles espíritos que querem dar um salto na evolução, pois lá encontramos um extenso campo de trabalho. As sementes foram lançadas neste campo fértil, e é o momento oportuno para germinar. Estamos vivendo a melhor fase para que o espírito possa progredir.

Se, por um lado, estarão no Orbe espíritos que não conseguirão avançar e que continuarão a praticar o mal, temos em contrapartida uma falange de Espíritos de luz pronta para amparar a todos. Chegou o momento da separação do joio e do trigo. A Terra dará um salto em sua evolução.

Posso afirmar que existem milhares de espíritos desencarnados, com certo grau evolutivo, habitando em outras colônias que ainda têm o compromisso com a Terra, e que em momento oportuno também lá encarnarão. Podemos considerar que o plano terrestre seja um grande hospital. Todos eles ainda têm compromisso com esse mundo.

O plano terrestre é considerado diante dos mundos felizes e que são tantos, como uma pequena vila bem distante de uma metrópole, onde se encontram a pobreza e as grandes calamidades. Dentro dela existem pessoas caridosas e amorosas, como também há aquelas revoltadas que não aceitam a situação que estão vivendo. Passam a vida reclamando e afirmam que foram esquecidas por Deus. Por outro lado, há tantas que passam provações e ainda agradecem ao Pai pelo momento que estão vivendo. Outras têm tudo, e por falta de entendimento, afirmam que deveriam ter muito mais.

No momento, assumi o compromisso de ajudá-lo a superar suas dificuldades, principalmente no tempo em que estiver na convivência com seus algozes do passado.

Ismael,na medida em que o espírito evolui e progride, acertando com as leis terrestres e universais, que são as leis de Deus, ele quita as suas dívidas, e quando pagar o último ceitil, como o Mestre afirmou, não terá mais necessidade de ali permanecer, e então será candidato a ir para mundos de acordo com a sua capacidade evolutiva. Nenhum de nós precisará ficar na prisão, quando tiver cumprido a pena e nem continuar no hospital quando estiver curado. Poderá viver nos mundos onde a felicidade é completa. Mas o espírito, quando se encontra nessas condições, é feliz em qualquer lugar em que estiver.

– Ah, meu querido, quantos missionários estiveram encarnados na Terra! Um deles foi Francisco de Assis, quando para nós as situações se apresentavam sob terríveis dificuldades, para ele, era um motivo de alegria e satisfação. Os ensinamentos do Cristo já estavam contidos em sua alma eterna.

Quando ele conversava com os pássaros, esses lhe obedeciam, ouviam-no, compreendiam-no, porque o espírito, quando chega a certo grau de evolução, consegue ter um domínio em todos os reinos. Ele respeita toda criação divina, porque sabe que a vida está em processo de evolução.

Eles superaram o mal e os vícios, e vivem entre as duas dimensões. O corpo físico está na Terra, mas a vida é toda espiritual, está sempre ligada a Deus. Vivenciam os ensinamentos de Jesus na mais profunda plenitude. Fazem somente a vontade do Pai. Paulo de Tarso sempre dizia: “Não sou eu mais que vivo, mas o Cristo que vive em mim”. Isso porque eles estão em sintonia com o Mestre. Os espíritos, que superaram suas imperfeições, estão preparados para viver em qualquer lugar no Universo, onde Deus determinar.

Esses espíritos iluminados se dirigem à Terra para ajudar o planeta a fazer a transição para um mundo regenerado. Eles poderiam ter escolhido um mundo mais evoluído para habitar, mas escolheram aquele Orbe, e contribuirão para o avanço dele. Continuarão a envolver e a consolar os sofredores com sua luz, e seu amor, dando pão a quem tem fome, vestindo aos que estão nus e balsamizando a dor. Eles são os verdadeiros mensageiros de Deus. De tempos em tempos, Ele envia alguns deles para servir de exemplo à humanidade tão carente de valores morais.

Então voltei a perguntar:

– Todos os missionários que aportam na Terra estão nessas condições de espíritos puros e iluminados?

– Nem todos se manifestarão na Terra, assumindo o lugar de liderança. Na maioria das vezes, reencarnarão como mulheres, sendo boas mães, cuidando e educando os filhos, ajudando o marido, orando e amparando toda a família. A missão de salvar uma vida, para eles, é tão importante, quanto se estivessem salvando o mundo.

Ainda chegarão a esta Colônia muitos espíritos nessas condições, que vão se encarnar na Terra, e passarão despercebidos pela humanidade. Mas, ao deparar com tal espírito, notarão que é uma espetacular e extraordinária mãe. Essa é a mãe que sofre com os filhos rebeldes, com um esposo que mais se assemelha a um ditador, e mesmo assim não se desespera e permanece confiante ao lado deles; na visão dos homens, até parece que não é uma mulher, e sim, uma santa encarnada. Elas estão ali para ampará-los, e farão tudo em favor dessas almas.

Apesar de confiante frente a esta empreitada junto a esses espíritos iluminados, temos a certeza de que o planeta sofrerá com a presença desses irmãos magnetizados, pois promoverão grandes calamidades. Parte deles se deixará levar pela ira, e todas as mazelas que se encontram cristalizadas em si. Mas tudo isso será necessário para o progresso. Alguns acordam com o cantar de um passarinho, outros nem mesmo com o estouro de um canhão.

CAPÍTULO 8

AS REENCARNAÇÕES DOS ESPÍRITOS ADORMECIDOS

Podíamos ver, em toda a Colônia, equipes de trabalhadores, que envolvidas em sentimento de amor fraternal, estavam sempre junto daqueles que haviam voltado de uma encarnação, e também daquele último grupo que se preparava para voltar à Terra. Os encontros fraternais aconteciam sempre depois que eles recebiam as energias reconfortantes dos passes magnéticos. Segundo irmã Marina, após esse tratamento, eles ficavam mais receptivos aos ensinamentos evangélicos.

Os dois primeiros grupos de espíritos haviam reencarnado em situação bastante dolorosa, pois os perispíritos deles não tinham condições de se modelarem a um corpo perfeito, devido às impregnações mentais negativas. Eles permaneceram encarnados por pouco tempo, porque grande era a fragilidade do veículo físico.

A medicina neste tempo não tinha condições de oferecer um tratamento que possibilitasse prolongar a vida física. Os recursos tecnológicos e científicos eram praticamente inexistentes.

Aqueles que viviam ali na Colônia, como crianças, em breve, deveriam voltar a encarnar. Mas a maior preocupação dos espíritos avaliadores era em relação ao que poderia acontecer com eles, por causa das suas tendências maléficas, e sabiam que esta seria uma importante ocasião para se desvencilharem dessas imperfeições e darem um passo à frente em sua evolução.

Como o Pai de Amor eterno sempre dá oportunidades para seus filhos, jamais Ele permitiria que esses espíritos fossem levados para mundos inferiores, sem antes passar pela oportunidade da reencarnação.

Em outra oportunidade, enquanto nos dirigíamos a uma das enfermarias, Doralina, sempre solícita, nos dizia: - Ismael, tínhamos plena consciência de que a missão requereria de nós grande dosagem de esforço, pois, o primeiro contato desses espíritos na vida física, como era previsto, foi bastante complicado. Apesar do passado obstinado no mal, temos confiança de que, como portadores de potenciais divinos, um dia despertando suas consciências através dos ensinamentos evangélicos, serão colaboradores do Cristo no caminho da redenção.

Com o esquecimento do passado, o espírito reencarnante é como a semente colocada em solo fértil, e com todo amor e cuidado do agricultor, ela poderá dar bons frutos. Algumas delas enclausuradas em si mesmas, se mostrarão estéreis, apesar de toda dedicação do agricultor.

Através do livre-arbítrio, temos o direito de escolha. Se hoje promovemos o mal, no futuro seremos provedores da paz em toda a sua extensão. Lembremos de Paulo de Tarso que, de perseguidor pertinaz do Cristianismo, após vislumbrar Jesus em seu esplendor na Estrada de Damasco, se transformou em um baluarte da divulgação cristã.

A vida é assim, tudo acontece de acordo com a direção que damos a essas forças, podendo ser para o bem ou para o mal. A força é a mesma, a diferença é a forma como a usamos. É certo que, quando o amor adormece, permitimos ser envolvidos e dominados pelo ódio . Foi isso o que aconteceu com nossos irmãos. O amor neles está em estado latente, mas sempre é tempo de despertá-lo.

E seguindo a programação divina, no início do século XX, aconteceu a reencarnação dos últimos hóspedes, que se encontravam na Colônia Espiritual Casa de Misericórdia. Eles foram destinados a uma reencarnação nesse planeta em semelhante situação e também estavam espalhados por várias partes. Aqueles que viviam na Colônia como crianças reencarnaram pela segunda vez, e nesta oportunidade tinham plena consciência da manifestação de suas individualidades, podendo expressar seus valores e conhecimentos.

Diante desse fato, veio à mente uma preocupação e em um encontro com a irmã Marina questionei:

– Sabemos que, de 1750 até os dias de hoje, aconteceu no planeta Terra um grande avanço tecnológico. Estes espíritos dotados de grande poder intelectual estão livres para agirem como bem entenderem?

E Marina ponderou:

– O Orbe Terrestre foi agraciado com a encarnação de um número incalculável de espíritos missionários. Cientistas com grandes conhecimentos ali se aportaram com o objetivo de promover o progresso da humanidade, auxiliando também no trabalho desses companheiros que passaram pelas câmaras, pois, como sabeis, a maioria deles tem o intelecto bastante desenvolvido.

Ismael, diante da lei de causa e efeito, o cerco está se fechando para que a Terra faça a sua transformação. O tempo está se esgotando. Infelizmente, o número de suicídios e de desencarnações em massa será volumoso. A época Apocalíptica está se iniciando.

Sabemos que, por algum tempo ainda, o mundo sofrerá grandes tragédias e acontecerão as guerras. Pela falta de amor ao próximo e desrespeito à natureza, a humanidade sofrerá todos os tipos de calamidades.

– Marina, partindo dessa premonição do Apocalipse, podemos afirmar que o aumento dessas tragédias será causado por esses espíritos?

E ela esclarece:

– Meu amigo, sabemos que a Terra continuará a passar por essas dificuldades. Recordemos o relato do irmão Estêvão, quando veio visitar a Colônia, ele nos disse que o próprio Cristo viu essas calamidades em sua retina espiritual, você se recorda desse detalhe? Além disso, tudo isso, também, foi previsto pelo profeta João Evangelista, no tempo em que esteve preso na Ilha de Patmos.

Esses espíritos serão responsabilizados pelos seus feitos, se forem causadores ou instrumentos para que esses acontecimentos se concretizem. Visto que durante todo o tempo em que aqui permaneceram, foram agraciados com os ensinamentos do Cristo. A maioria ao reencarnar tem plena consciência dos seus atos. Eles podem, se quiserem, através do esforço e boa vontade, mudar a sua história.

Algum tempo depois, novamente, me reencontrei com Marina; como sempre nossos encontros eram bastantes calorosos. Em minha ânsia de aprender, quis saber como havia sido a reencarnação daqueles espíritos que estiveram nas câmaras. E ela disse: - Ismael, muitos daqueles espíritos que se encarnaram na Terra pela segunda vez, não souberam aproveitar a oportunidade a eles concedida. Veja quantos transtornos causaram naquele plano.

Através do poder de persuasão de que são possuidores, formaram suas lideranças, e se apossaram da mente daqueles que vibram na mesma sintonia deles.

E ao assumirem o poder de liderança na área política ou no comando de exércitos, muitos se transformaram em ditadores sanguinários. Utilizaram de todo o potencial de sabedoria e de conhecimento intelectual no campo das invenções para construírem armas de grande poder de destruição. Utilizando de toda a astúcia em seus convincentes discursos, rapidamente assumiram os comandos. Desse modo começaram a insuflar nas mentes de seus comandados o desejo ardente de guerrear, e esses agiram como joguetes em suas mãos.

Uma grande parte da população da Terra teve a vida ceifada pela violência causada por esses homens perversos. Pela Misericórdia Divina, a maioria deles, ao desencarnar, foi atraída para mundos inferiores. Eles não tinham permissão para permanecer no plano terrestre.

– Existem equipes especiais encarregadas de acompanhá-los até sua nova morada? Perguntei:

– Ao desencarnarem, esses espíritos são levados até esses mundos de modo natural, seguem sempre em grupo, para que possam ter uma convivência amena entre si. Mas, antes, eles passam por um bloqueio mental, pois ao serem deportados, mudam também o corpo perispiritual, isso para que haja uma melhor ambientação nesses lugares.

CAPÍTULO 9

O CONSOLADOR

Querendo saber mais detalhes sobre o advento da Terceira Revelação, indaguei de Marina:

– Como foi a implantação do Consolador na Terra?

– Ismael, há milênios esse planejamento estava sendo feito, e posso lhe afirmar que se encontra encarnada uma falange de Espíritos de escol incumbidos de darem suporte na implementação da Nova Doutrina; e outros tantos permanecem aqui neste plano. Uma nova porta se abriu para aquele que quer avançar. A Terceira Revelação mostrará ao homem o entendimento por meio da ciência, da filosofia e da religião, pois esses são os elos da sua religação com Deus. Com a consolidação desses, o Orbe Terrestre estará preparado para promover a transição.

Para um melhor entendimento, basta lermos o prefácio de "O Evangelho segundo o Espiritismo", o terceiro livro da Codificação Kaderquiana, cognominada de Pentateuco Espírita:

"Os Espíritos do Senhor, que são as virtudes dos céus, qual imenso exército que se movimenta ao receber as ordens do seu comando, espalham-se por toda a superfície da Terra e, semelhantes a estrelas cadentes, vêm iluminar os caminhos e abrir os olhos aos cegos.

Eu vos digo, em verdade, que são chegados os tempos em que todas as coisas hão de ser restabelecidas no seu verdadeiro sentindo, para dissiparem as trevas, confundirem os orgulhosos e glorificarem os justos.

As grandes vozes do Céu ressoam como sons de trombetas, e os cânticos dos anjos se lhe associam. Nós vos convidamos, a vós homens, para o divino concerto. Tomai da lira, fazei uníssonas vossas vozes, e que, num hino sagrado, elas se estendam e repercutam de um extremo a outro do Universo.

Homens, irmãos a quem amamos, aqui estamos junto de vós. Amai-vos, também, uns aos outros, e dizei do fundo do coração, fazendo as vontades do Pai que está nos Céus: Senhor! Senhor!... e podereis entrar no reino dos Céus". "Espírito de Verdade".

Nota - A instrução acima, transmitida por via mediúnica, resume a um tempo o verdadeiro caráter do Espiritismo e a finalidade desta obra; por isso foi colocada aqui como prefácio.

– Qual é o papel do Consolador?

– Ele tem o papel de fazer a regeneração da Terra.

– A Terra ainda é considerada um plano inferior? - Indaguei:

– Diante de tamanha desigualdade entre seus habitantes, aquele plano ainda é classificado como um mundo inferior, isso porque ainda vivem ali espíritos primitivos. Muitos deles continuarão por lá, superando o próprio grau evolutivo.

– Marina, o Espiritismo é a religião do futuro? Um dia todos serão espíritas?

– Os espíritos superiores nos disseram que sim. Não queremos dizer que todas as pessoas frequentarão os Grupos Espíritas, mas seus princípios doutrinários estarão em todas as religiões. Esta doutrina não foi baseada nas leis dos homens, e sim, nas leis de Deus. Existe um fato importante a considerar, o

Espiritismo não forma Teólogos, que ao chegarem ao final de um curso recebem um diploma, ou algum tipo de título acadêmico. Todos os seus adeptos têm à sua disposição os ensinos trazidos pelos Espíritos, através das Obras Básicas da Codificação, e existe também uma extensa gama de Obras Subsidiarías. Todas as orientações Espíritas vêm do plano espiritual. E foi toda essa falange de Espíritos superiores que orientou Allan Kardec, o codificador, a trazer a lume esses Ensinamentos. Todos os seus ensinamentos são calcados nas leis naturais. A Terceira Revelação se apoia em cinco pontos fundamentais: a existência de Deus, a existência e imortalidade da alma, a pluralidade das existências, chamada de reencarnação, a pluralidade dos mundos habitados e a comunicabilidade dos espíritos.

Se pararmos para pensar, todos esses pontos foram anunciados por Jesus Cristo. Jesus falou-nos sobre Deus nosso Pai, da imortalidade da alma, quando disse que não sairemos da Terra enquanto não pagarmos o último ceitil. E ainda disse que tudo o que Ele fazia, poderíamos fazer, no futuro em outras oportunidades reencarnatórias, naturalmente! Que naquele tempo era impossível! Ele lança seus ensinamentos para a vida futura. Foi Jesus Cristo que falou que há muitas moradas na Casa do Pai. Foi Ele quem falou também da comunicabilidade dos espíritos, quando expulsou os espíritos desencarnados que obsediavam aqueles que o procuravam; conversou com Elias e Moisés no Monte Tabor. Portanto, todos os princípios espíritas foram apregoados por Jesus. Quando Kardec falou sobre a pluralidade das existências com o nome de reencarnação, nós encontramos isso também na voz de Jesus. Quando os discípulos lhe perguntam, não era necessário vir Elias? Ele disse que, em verdade, Elias já tinha vindo, e os homens fizeram com ele tudo que quiseram, tudo que aprouveram fazer, o mesmo farão também com o Filho do Homem. Os discípulos entenderam, narra Mateus, que Jesus se referia a João Batista.

Oportunamente, Jesus pergunta aos discípulos: - Que pensam que eu sou? Respondem eles: - Uns dizem que tu és Elias, outros dizem que é Jeremias, outros João Batista ou algum dos profetas que voltou.

Diante das colocações de Marina, ponderei:

– Ora, mas se todos sabiam que Ele era filho de Maria, era chamado de o filho de José, e todos o conheciam desde criança! Como Ele poderia ter sido Elias? Nesta época, Ele tinha trinta anos, então só poderia ter sido Elias em um corpo jovem! Como imaginá-lo sendo Jeremias, um dos profetas mais conhecidos de Israel? Só se fosse em um corpo jovem! Porque, tanto Elias quanto Jeremias, deixaram a Terra num corpo velho. Alías, todos comentavam que Elias não havia morrido, que ele havia sido levado ao céu em uma carruagem de fogo! Jesus poderia ter sido um dos antigos profetas, que teria voltado em outro corpo. Então podemos afirmar que o povo daquela época acreditava que o espírito voltava ao corpo na vida física, mas não com o nome de reencarnação, e sim com o nome de pluralidade das existências, já que a palavra reencarnação não está escrita na Bíblia.

Todos nós temos ciência de que, nesses dois milênios a Bíblia sofreu várias modificações. A primeira Bíblia foi escrita em aramaico e era uma língua bastante pobre, tempos depois foi traduzida para o latim e para outras línguas, com isso sofreu muitas alterações.

– O Espiritismo, Ismael, foi Codificado com base nas Leis Naturais. Querendo ou não, todas as religiões, um dia, terão que seguir essas Leis, que são as leis de Deus. Quando baseamos nossa fé nas leis naturais, não estamos sujeitos a sermos desmentidos pela ciência. Por isso, Allan Kardec disse que a fé inabalável é aquela que pode enfrentar a razão, face a face, em todas as épocas da humanidade.

O homem tem que fazer uma viagem para dentro de si mesmo, em busca do autoconhecimento. Mas para que aconteça a evolução do espírito, ele deve se manter em luta constante consigo mesmo. É uma conquista própria, adquirida através de experiências vivenciadas no corpo físico por milhares de oportunidades reencarnatórias.

O corpo utilizado pelo homem encarnado é constituído de uma matéria densa e pesada, à medida que o espírito vai evoluindo e se sublimando, o seu perispírito vai se sutilizando.

Ismael, retomando o caso dos espíritos que foram exilados, quero salientar que, nesses mundos inferiores, a força bruta é lei. Somente através do esforço, o espírito ali encarnado conseguirá os alimentos para a própria sobrevivência. Nesse tempo, a inteligência deles estará adormecida, e só com o passar dos séculos e milênios, ele começará a ter um raciocínio lógico. Eles não estão ali desamparados. Lá no íntimo, em estado latente, existe uma centelha divina. Na medida em que vão desenvolvendo a capacidade de pensar, esses espíritos se desenvolverão intelectualmente e passarão a trabalhar em favor do progresso daquele mundo.

– Marina, sempre ouvimos dizer que a Terra terá um fim trágico; o que você pode dizer sobre essa previsão?

– Em todo orbe existem pessoas que estão vinculadas a ideias ou correntes que pregam que a Terra será destruída pelos fenômenos físicos ou epidemias. Esses fenômenos sempre aconteceram por ser ela um planeta jovem que está em formação.

Neste século, as doenças que surgem onde há aglomeração de pessoas, muitas vezes é causada por falta de higiene, mas a maioria delas é resultado dos pensamentos negativos dos seus habitantes. Em todas as épocas, existiram as doenças e sempre aparecerão até que o homem, um dia, descubra que a cura está no poder de sua mente.

As grandes metrópoles não foram programadas e nem estão preparadas para abrigar tantos habitantes. O solo, que tem a função de escoar naturalmente a água, foi concretado, por isso a chuva, que é um processo natural, sem escoamento, se torna devastadora. Isso não é culpa da chuva, e nem podemos dizer que seja uma tragédia natural, é uma situação criada pelo próprio homem que ainda não aprendeu a viver.

Nos mundos mais evoluídos, isso não acontece, porque existe um planejamento. Primeiramente, eles procuram estudar e conhecer o efeito, para depois saber o benefício da causa, respeitando sempre as leis físicas e naturais. As coisas acontecem dentro de uma perfeita harmonia.

Constantemente, tomamos conhecimento das grandes catástrofes que ocorrem no mundo, causadas por vulcão, furacão ou terremoto. Esses fatos se dão não somente por causa das mudanças climáticas, mas em razão da necessidade de esses espíritos se alinharem com as leis divinas. Eles são atraídos para esses lugares a fim de darem cumprimento às leis. A maioria deles, no passado, promoveu de forma contumaz a destruição da natureza.

Esses abalos sempre aconteceram naquele Orbe, para aqueles que precisam passar por essas provações. Enquanto estiverem por aqui, o sofrimento continua, e não é somente para uns, é para todos, pois mesmo aqueles que não estão envolvidos na tragédia, sentem na alma a ação desta.

Se depois de minuciosa pesquisa, não encontrarmos as causas do sofrimento nessa vida atual, busquemo-las em outra encarnação. O sofrimento só vai terminar para aquele que já está regenerado e quite com as leis de Deus.

Sendo assim, o mais forte ampara o mais fraco, respeitando todos como seus irmãos e compreende o grau evolutivo em que cada um se encontra no caminho de volta aos braços do Pai, de onde um dia saiu. Eles sabem o que é o amor, porque já passaram por várias experiências e nelas conseguiram a autoiluminação. O amor é verdadeiro. Seus pensamentos estão sempre em Deus, pois navegam em suas leis, respeitando o semelhante.

Voltei a questionar:

– Por que o homem sente prazer em apregoar que ainda vão acontecer grandes tragédias na Terra?

– Mediante a sua inferioridade, seus olhos só conseguem ver as tragédias, o sofrimento e o negativismo, que fazem parte de sua vida. Sendo ainda inferiores, é mais fácil compreenderem as coisas que eles alcançam, propagando sempre as situações dramáticas, provocando o terror e o medo por onde passarem. Ainda não compreendem que Deus é um Pai de amor, bondade e de misericórdia, e que jamais quer o sofrimento eterno para seus filhos.

– João Evangelista estava equivocado em suas previsões?

– Quando estava encarnado, você mesmo pôde presenciar algumas dessas previsões! Esqueceu-se das perseguições aos cristãos, da Inquisição, da Guerra dos Cem anos, das Cruzadas, na época em que se encarnou em Assis, na Itália, da Grande Guerra de Napoleão Bonaparte, e muitas outras que aconteceram em toda parte do planeta? Isso não é o fim do mundo. Já aconteceu e continua acontecendo.

Na medida em que o homem se vê coroado de poder, ele vai também criando novos mecanismos para levar vantagens e até mesmo destruir aqueles que consideram seus inimigos. Esquece que todos somos filhos do mesmo Pai. A ignorância para as coisas do espírito, por parte do homem é grande, e, por isso, ainda existem as guerras.

Quando a Terra evoluir, ela estará preparada para ter um só governo, e não haverá diferenças como temos hoje. O mundo é como um barco e a humanidade não está se esforçando para remar em uma mesma direção, cada um rema para um sentido diferente, e é isso que causa as turbulências.

Você se recorda da grande catástrofe resultante da Peste Negra na Europa? - Milhares de pessoas foram dizimadas em pouco tempo. Quantas calamidades já aconteceram e quanto sangue foi derramado no planeta! Tudo isso já passou. É importante que fiquemos atentos aos nossos pensamentos, para que não venham acontecer coisas piores, pois deles resultam o bem ou o mal.

Querem viver nas passagens apocalípticas acontecimentos maiores e mais profundos do que esses? - Será que o sofrimento ainda não foi o bastante para que possamos aprender e compreender os ensinamentos do Cristo?

A transformação que deve acontecer no planeta é moral. E é o homem que deve fazer essa transformação em si mesmo. Aqueles que não conseguirem acompanhar, depois das milhares de oportunidades concedidas, serão extraditados para mundos inferiores.

Chegará o momento em que a vibração desses espíritos não lhes permitirá mais permanecer aqui e nem mesmo no plano Terrestre. É como se você estivesse no meio de uma multidão, e cada pessoa estivesse falando em línguas diferentes. Com certeza, você não permaneceria ali por muito tempo.

Meu amigo, como já lhe disse, milhares de espíritos ainda serão levados para mundos inferiores. Esse processo é lento, mas é algo constante em todos os mundos, quando estão mudando de categoria. Deus não tem pressa, por isso nos deu a eternidade. Quem determina o tempo somos nós.

As falanges de espíritos missionários, que se encontram aqui nas dimensões espirituais, reencarnarão para levarem àquele plano, a fraternidade e o amor, e esse será o seu bem mais valioso.

Observe como todas as situações que acontecem na vida terrena é uma bênção. Há pessoas que fazem de tudo para o animal de estimação, mas ainda não têm em si o sentimento de compaixão para com aquele irmão que passa fome, vestindo quem está nu, perdoando quem lhes ofendeu, como propôs Jesus. Esses estão aprendendo a amar os animais, para um dia, conseguirem amar e solidarizarem-se com os seus semelhantes. Nada está errado neste mundo. Temos que compreender as coisas como elas são, e como precisam ser compreendidas. Tudo acontece de acordo com as leis de Deus. E essa lei determina um limite para todos, que jamais será ultrapassado pelos homens.

Posso lhe dizer, Ismael, que amar os animais é fácil, porque eles não revidam e nem reclamam. O difícil é a convivência diária ao lado daquele irmão que nos fere profundamente a alma com atitudes animalescas.

CAPÍTULO 10

O MOMENTO DO ARMAGEDOM

Naquele momento, aproximou-se o irmão Hércules, o responsável direto pelo mapeamento dos graves problemas que vinham ocorrendo no plano terrestre. Ele e sua comitiva haviam chegado de uma peregrinação, realizada nos continentes, onde aconteciam as guerras sangrentas.

– Irmão, tomamos conhecimento de que muitos daqueles espíritos que aqui estiveram, ao se encarnarem no planeta azul, estão provocando grandes catástrofes. Depois de todo o amparo espiritual que eles vêm recebendo, como está a situação por lá? Indaguei.

Demonstrando certa preocupação, ele respondeu:

– Ismael, nem todos se enveredaram pelos caminhos do mal. Aqueles que compreenderam os ensinamentos de Jesus continuam se esforçando. O outro grupo, mesmo depois de todo nosso empenho junto a eles, está aterrorrizando o mundo. Aqueles que tinham poder de liderança, infiltraram-se em todos os segmentos da sociedade, e suas tendências maléficas se revelaram de forma cruel, demonstrando ignorância e grande selvageria. O acordar dessa fera íntima tem causado dores e sofrimentos à Humanidade. Quantas barbáries aconteceram ao fomentarem a Primeira Guerra Mundial!

A maioria deles está encarnada nas regiões mais antigas da Terra, principalmente na Rússia, Alemanha, França, Inglaterra, Suécia, Estados Unidos, China, Índia e Japão. Porém, observamos que nestes países, aconteceu o maior avanço tecnológico e científico já registrado até agora.

Ismael, a natureza não dá saltos, e diante dessa realidade, sabíamos que ao se encarnar, poderiam causar grandes tragédias.

Muitos se infiltraram na política, e no comando da sociedade estão provocando iniquidades. Nesse reencontro com seus algozes do passado, promovem de forma vil o sofrimento daqueles que, um dia, foram seus opositores.

Também se encarnou na Terra uma grande legião de espíritos zombeteiros, que, há muito tempo, estavam nas regiões trevosas da erraticidade. Esse grupo vem atacando todos os que não seguem suas ideias políticas e religiosas. Quando estavam no plano espiritual, manipulavam não somente os desencarnados, mas também, os encarnados na Terra. Exercem poder negativo sobre os que querem fazer o bem, fazem de tudo para destruí-los.

Os espíritos ignorantes e malfazejos sentem inveja e ciúme, quando alguém está feliz. Para melhor entendimento, vejamos uma citação de O Livro dos Espíritos.

[1] *131 - Há demônios, no sentido que se dá a esta palavra?*

-Se houvesse demônios, seriam obra de Deus. Mas, porventura, Deus seria justo e bom, se houvera criado seres destinados eternamente ao mal e a permanecerem eternamente desgraçados? Se há demônios, eles se encontram no mundo inferior em que habitais e em outros semelhantes. São esses homens hipócritas que fazem de um Deus justo um Deus mau e vingativo, e que julgam agradar-lhe por meio das abominações que praticam em seu nome.

Depois da encarnação desses espíritos, a Terra está passando por seu pior tormento. Eles não têm a visão plena do

1 O Livro dos Espíritos, editora FEB, tradução Guillon Ribeiro, Parte II, Cap. I

que seja a real felicidade. Mesmo com nossa ajuda, relutam em aceitar os ensinamentos da Boa Nova.

Há alguns séculos, equipes de missionários deixaram seus mundos, lugar onde reina a felicidade, e seguiram para as regiões trevosas, levando até lá o bálsamo, o lenitivo dos ensinamentos do Cristo.

Todas as colônias espirituais se encontram permanentemente em alerta sobre os fatos que estão acontecendo na Terra, das opressões aos rumores da guerra que estava por se iniciar.

Indaguei de Davi, que nesse instante se juntara a nós, se essa guerra poderia causar maiores desequilíbrios psíquicos nos encarnados e desencarnados. Após confirmar minha pergunta, ele disse que a Terra estava vivendo o momento do Armagedom. E concluiu: - Pela falta de amor, as grandes previsões apocalípticas estão para acontecer.

— Diante de tantos problemas, Jesus como Governador, juntamente com todo esse exército de trabalhadores do bem, não poderá interferir nesta situação? - Voltei a inquirir:

— Ismael, nem mesmo Jesus, pois somos dotados de livre-arbítrio e, além disso, a Humanidade está vivendo sob a lei de causa e efeito. São situações que fogem do nosso controle. Somente Deus tem o poder de fazê-lo, mas Ele fica neutro pois se trata da lei de causa e efeito a qual é manipulada por nós mesmos.

Infelizmente o Orbe Terrestre está envolvido em energias densas e pesadas, e pode ser comparado a um barril de pólvora, basta uma minúscula faísca para explodir.

CAPÍTULO 11

O MUNDO ESPIRITUAL SE PREPARA PARA A SEGUNDA GUERRA MUNDIAL

Em setembro de 1939, centenas de equipes vindas das regiões mais sublimes das esferas espirituais instalaram-se na Colônia Alvorada Nova, situada no continente europeu, mais precisamente sobre a cidade de Berlim, Capital da Alemanha. Vieram com o objetivo de auxiliar a Terra num momento de crise aguda.

Os rumores de que haveria um grave confronto se alastrou, deixando a população mundial e, principalmente, os daquela região da Europa, em estado de alerta. Psicologicamente, a Humanidade ficou abalada, pois, novamente, estariam sob o jugo de pessoas ambiciosas que desejavam controlar o mundo. Todos se sentiam temerosos, e, por onde se passasse, ouviam-se sempre os mesmos comentários.

Os espíritos menos evoluídos, que se abrigavam nas colônias espirituais próximas ao Orbe Terrestre, viveram muita tensão, pois tinham grande preocupação com relação à morte de seus familiares, que seriam vitimados pela guerra que estava prestes a se iniciar. Aqueles, que tinham algum familiar na região de Portugal, estavam também receosos, pois se a guerra chegasse até lá, como seria o retorno deles ao mundo espiritual? E eram muitos os questionamentos: Será que eles permaneceriam nas regiões da guerra e continuariam a viver todo aquele tormento da guerra? Ou estariam em condições de receber amparo imediato?

A situação se tornou tão crítica, que as equipes de samaritanos, com experiência em resgate nas zonas umbralinas, também foram acionadas, em caráter de urgência, para dar assistência aos mortos da guerra.

No dia anterior à ida para a Terra, tivemos um encontro com Davi, e depois de nos reunirmos com o restante dos companheiros, ele disse-nos:

– Irmãos, estamos confiantes em Deus e em sua sabedoria, estaremos à frente, amparando e socorrendo todos os envolvidos neste dramático acontecimento.

Nem todas as pessoas envolvidas na guerra fazem parte daquele grupo de espíritos magnetizados por Jesus. Existem no meio dos encarnados os espíritos zombeteiros que viviam nas zonas umbralinas da Terra, estão no meio induzindo aqueles que se deixam influenciar. Há também aqueles que estão em missão, ou vivendo suas expiações.

Sabemos que nesse embate morrerão pessoas que se comprazem em participar da guerra, e, portanto, não quererão receber nossa ajuda.

Grande percentual daqueles soldados foi obrigado a ir para o combate, e eles vão preferir a morte a tirar a vida de seu semelhante, porque compreendem que somos todos irmãos e perante Deus não existe distinção de raça.

Nosso trabalho é acolher esses espíritos e encaminhá-los a outras equipes especiais, que estão encarregadas de levá-los a uma colônia ou casa transitória, onde permanecerão em tratamento.

Depois dessas observações, nos dirigimos para o local que foi palco da mais sangrenta de todas as guerras.

Antes de nos dirigirmos para a colônia, nossa equipe deveria, primeiramente, se dirigir ao Japão onde a situação já era bastante crítica e dolorosa. Ali presenciamos uma situação que nos deixou bastante preocupados.

O imperador japonês havia divulgado uma nota para que seus súditos não se rendessem a seus inimigos. Ordenou que, antes de serem aprisionados, preferissem a prática do suicídio, acrescentando que os americanos não se apiedariam de nenhum deles.

O exército americano tinha invadido várias ilhas japonesas, e existia ali um grande contingente de soldados entrincheirados, que não tinham como escapar e se tornariam reféns. Ao passarem pelas cidades, eles estupravam, covardemente, as mulheres e decapitavam todos os homens que encontravam pela frente, o que motivou o suicídio de milhares de soldados japoneses.

Por onde o exército americano passava, deixava um rastro de sangue. As bombas eram lançadas por todas as partes e, com isso, a vegetação foi drasticamente prejudicada.

Como resultado de tanta barbárie, mais de trezentos mil soldados americanos perderam a vida nessa guerra. Entre os soldados e civis japoneses morreram mais de seiscentos mil. Foi uma guerra sanguinária.

Pudemos presenciar o sofrimento de um soldado americano, ao ver seu colega morto ao ser atingido por uma bala na cabeça. O soldado lamentava a morte e, intimamente, se perguntava: “Senhor Jesus, porque tudo isso? Meu amigo era tão jovem, nunca havia saído de sua cidade, veio para a guerra somente para morrer?! Será que essa luta é justa?! Tivemos que deixar nossas famílias e vir guerrear contra um povo que nem conhecemos suas origens, sua cultura?! Apesar de não achar isso justo, sou obrigado a continuar lutando porque o Estado me convocou, e, sendo um soldado, tenho o dever de defender minha pátria!

Ao observar cenas tão chocantes de uma guerra insana, disse aos meus companheiros:

– Meu Deus! Percebo que as pessoas perderam a sensibilidade. Vemos aqui soldados americanos que tranquilamente fazem a barba, alguns estão se alimentando, outros fumam e contam suas histórias, e ao lado deles, centenas de soldados mortos. Como conseguem se alimentar, sentindo esse cheiro de putrefação?

Ao ouvir meus questionamentos, Davi disse:

– Realmente, Ismael, diante de cenas tão lastimáveis percebemos que o homem está vivendo no seu estado de primitivismo. Nesta guerra, ele se tornou irracional. Esses soldados já viveram e viram tanta violência, que suas mentes, suas consciências, estão anestesiadas. Para eles, isso é uma coisa natural, e seu objetivo é salvar sua própria vida, e vencer aqueles que são considerados adversários.

Meus irmãos, na Europa, a destruição foi muito maior do que imaginávamos. Em meio a tanto terror, ninguém poderia imaginar o que ainda estava por vir sob o efeito dessa luta.

Hoje, ao relatar esses fatos, posso lhes afirmar: momentos ainda piores viveu o povo Judeu, pois no momento em que Hitler assumiu o poder, começou a perseguição contra eles. Milhares deles foram perseguidos e mortos de forma brutal.

Durante nossa estada ali, presenciamos as lamentações dos espíritos de nacionalidade judaica. Esbravejavam todo o ódio e mágoa que sentiam contra aqueles que, impiedosamente, tiraram-lhes a vida. Reclamavam do dinheiro que deles fora roubado. Mas o que lhes causava a maior dor foi ouvir dos soldados nazistas a seguinte frase: "Sempre que o sangue de um judeu correr em nossas espadas, nos sentiremos aliviados".

O exército alemão atacou todos os países do norte europeu, e logo iniciou o confronto com a França. Paris ficou em chamas, foi uma destruição total.

Diante de cenas tão dolorosas, oramos em favor de todos.

Quando aproximávamos daqueles espíritos, para socorrê-los, desesperados se afastavam gritando.

Nessa época um terço da Europa estava nas mãos dos nazistas, os EUA ainda não tinham entrado na guerra contra os alemães.

É muito triste e doloroso ver homens se matando por nada, por coisas banais. Os nazistas invadiram a União Soviética, e tinham sob seu controle, como prisioneiros, mais de um milhão e quatrocentos mil soldados soviéticos. Foi um dos momentos críticos daquela Guerra. O que a maioria da população mundial temia realmente estava acontecendo.

No plano espiritual, não existe uma maneira de se camuflar as situações, vimos os detalhes sórdidos da guerra e todo o sofrimento que causou. Ao me inteirar de algumas situações impossíveis de serem relatadas, eu perguntei a nosso irmão Davi:

– Como esse homem se tornou tão influente, e liderou tantos fanáticos? Que poder ele tem ao se comunicar? Por onde passamos vimos pessoas delirando quando ele fala, quem é esse homem?

— Ismael, nós o conhecemos de perto!

— Mas, de onde o conhecemos?

— Esse espírito que hoje comanda a Alemanha é um dos familiares daquele casal que se materializou no jardim da Colônia Casa de Misericórdia, na época em que você e Simeão trabalhavam lá.

Eu não podia crer em tal revelação, estava impressionado. Ele continuou:

— A maioria daqueles espíritos, que se encontravam naquele pavilhão, está encarnada aqui ao lado dele. Eles o apóiam, lutam a seu favor, morrem por ele e por seu ideal. São espíritos afins, ligados pela maldade. Eles permaneceram por milênios ouvindo os ensinamentos de Jesus, e, mesmo assim, não conseguiram desenvolver, dentro de si mesmos, o sentimento de amor e caridade ensinados pelo nosso Mestre.

Com grande potencial de inteligência, estão comandando cientistas, que constroem máquinas e bombas de alto poder de destruição. Com o poder alcançado, Hitler quer dominar o mundo.

Esses espíritos, ao se encarnarem, agem e pensam segundo suas consciências, é o livre-arbítrio de que todos somos dotados. Estão todos envolvidos nessa guerra, direta ou indiretamente.

Era difícil acreditar, então pensei: "Por mais de dois mil anos esses espíritos permaneceram adormecidos, recebendo orientações, conselhos, vibrações positivas, e nada disso os fizera mudar?!"

Davi, que captava meus pensamentos, disse:

— Ismael, não fique a imaginar que todo aquele tempo foi em vão. Muitos deles superaram as dificuldades e seguiram o caminho do bem. Muitos entre esses contribuíram com o progresso no campo da ciência, da astronomia, da física, da química e fizeram muitas descobertas úteis na área da saúde. É certo que muitos ainda permanecem fazendo o mal a seus semelhantes. Persistindo no erro, após a desencarnação, serão deportados para mundos primitivos. As vibrações magnéticas negativas deles os atrairão para esses lugares, onde conviverão com animais ferozes, disputando com eles o alimento para sua sobrevivência.

Meus irmãos, a 2ª. Guerra Mundial causou grandes transtornos no Orbe Terrestre, o planeta ficou envolvido em uma verdadeira escuridão. Essas energias densas e pesadas atingiram também todas as colônias espirituais que estavam próximas à Terra. Até a Colônia Espiritual Casa do Pai, que se encontrava bem distante, e que é o centro de comando da Terra, sentiu a influência das terríveis calamidades pelas quais o nosso mundo passou.

No plano espiritual, todos os Ministérios de Amparo se reuniram para traçar planos de ajuda aos sofredores da Terra. Houve inúmeros encontros entre todos os espíritos mensageiros, que eram encarregados de levar informações às outras colônias sobre os novos trabalhos a serem realizados.

Doralina, a responsável em transmitir as mensagens vindas daquele que exercia a função de chefe dos ministros, o irmão Alepac, disse-nos: "- Irmãos, o medo e o pavor não edificam, a opressão destrói, mas a fé traz uma nova perspectiva de um mundo feliz. Só assim o amor permanecerá nos corações de todos aqueles que buscam o bem. O momento é de serenidade. Não se turbem os vossos corações, nem os pensamentos. Jesus nos convoca ao trabalho silencioso. Cada um deve se manter em seu posto para atender à vontade divina, dentro do melhor possível que sabe fazer. Recordemos as experiências adquiridas nas regiões umbralinas da Terra, lugar onde recolhemos os decaídos que se afastaram de Deus. As circunstâncias nos chamam para colocarmos em prática todos os nossos conhecimentos e tudo que aprendemos com nosso querido Mestre Jesus".

Doralina ainda falava quando fomos surpreendidos por uma forte luz que descia do infinito. Era uma equipe de benfeitores espirituais que chegava de planos mais altos, trazendo energias de paz e alívio para aqueles corações sofridos.

Ao me deparar com aquela magnífica visão, veio-me à mente o momento da desencarnação do nosso querido Mestre Jesus, quando o Céu iluminou-se ao surgir milhares de estrelas, clareando todo plano espiritual da cidade de Jerusalém. Assim também aconteceu em todos aqueles países envolvidos na guerra.

Algum tempo depois, aquele imenso confronto tomou novos rumos. Navios guerreiros se dirigiram para o Norte da África para atacar os alemães. As tropas inglesas se uniram aos americanos, como em uma força-tarefa, e outros países entraram para auxiliar. Nesse tempo, o confronto já era Mundial.

Podemos observar que a guerra leva o homem de volta ao convívio com seu estado mais íntimo de inferioridade.

CAPÍTULO 12

O PREÇO DE UMA VIDA

Em meio àquela guerra sangrenta, presenciamos a indignação de um soldado americano. Ouvíamos seus pensamentos, e o moço muito choroso dizia para si mesmo: "Será que vale a pena lutar e morrer nessa guerra, por U$1,66 ao dia? E mesmo que fosse mais, não valeria a pena, pelo horror que estamos vivenciando aqui!

Percebendo o sofrimento daquele soldado, pensei: "Quanto vale uma vida? Será que uma vida tem preço?"

Por onde a Brigada Militar pertencente aos aliados passava, destruía tudo. As bombas lançadas formavam enormes crateras. Restavam ainda algumas árvores em pé, diante de fortes bombardeios, bem como poucas casas permaneciam intactas, tamanha era a violência. Por toda parte, podíamos ver também carcaças de animais, espalhadas, formando um horrendo cenário.

A Europa, quase que inteira, foi destruída pela guerra.

Nos estaleiros, a movimentação era intensa, pois homens e mulheres trabalhavam noite e dia na construção de navios de guerra e porta-aviões. Com a corrida armamentista, grande parte da população americana passou a trabalhar na fabricação de armas e bombas de alto poder de destruição.

Nos seis anos de guerra (1939 a 1945), os Estados Unidos se fortaleceram, e mais tarde, se transformariam em uma grande potência mundial.

O século XX pode ser considerado o século das matanças,

pois vários países que tinham como governantes homens autoritários e, verdadeiramente tiranos, por seus regimes de crueldade, ceifaram a vida de milhões de pessoas. Foi o maior derramamento de sangue da história humana.

Em abril de 1945, ao se aproximar da cidade de Torgal, o exército americano deparou-se com um batalhão de soldados alemães, esse encontro transformou-se em batalha sangrenta.

A maior tragédia da Humanidade começou com a Primeira Guerra mundial, nos anos de 1914 a 1918. Embora tenha feito acordos de paz, a Europa ainda não tinha de fato alcançado a paz completa, ficaram muitos problemas de ordem política e econômica para serem resolvidos, que se estenderam até o ano de 1939, começo da Segunda Guerra Mundial, deflagrada, principalmente pela Alemanha, que passava por uma situação bastante difícil.

CAPÍTULO 13

AS GRANDES TRAGÉDIAS NAS ILHAS JAPONESAS

Observamos que a ilha de Saipan estava coberta por uma densa camada de fumaça preta. Relembrando a visão do Evangelista João e sua profecia apocalíptica, o fim de um ciclo no mundo parecia estar acontecendo.

No momento em que fazíamos um atendimento, presenciamos um fato bastante triste e desolador. À nossa frente, estava um soldado que havia conseguido fugir da Alemanha, quando esta iniciara a sua perseguição aos judeus. Ele conseguiu migrar para os Estados Unidos e lá se alistou no exército americano. Guerreando em Berlim, juntamente com um grupo de combatentes, fizeram seus prisioneiros 18 soldados alemães seguidores de Hitler.

O comandante ordenou ao soldado judeu que os conduzisse a um determinado local onde estavam os outros presos. No meio do caminho, ele atirou e matou todos.

Quando retornou, o comandante perguntou-lhe como fora a missão. Ele então contou a sua história, dizendo que havia fugido para a América para não ser preso pelos nazistas, e que, agora, estava aliviado por ter vingado a morte de todos os seus familiares.

Vendo aquelas cenas, notamos que a violência, na maioria das vezes, não estava somente do lado de quem atacava, mas também de quem era atacado.

Eu me senti desolado, pois em todas as ruas, havia amontoados de corpos sem vida, e próximos deles, espíritos que, indignados, tentavam despertá-los.

Ao perceber meus sentimentos, Davi disse:

– Ismael, não se aflija pelas tragédias; ninguém passa pelo sofrimento sem merecer. Nunca se esqueça de que as provas devem ser cumpridas com paciência, e tudo o que nos acontece tem uma razão de ser. Estamos aqui para ajudá-los, oremos por eles; eles fazem parte de nossa família universal.

Todos esses recém-desencarnados, que imploram o amparo de Deus, serão socorridos. Estão aqui nessas condições, não por si próprios, mas sim, para servirem de exemplo a todos que ainda vivem em plena rebeldia.

Perante a inferioridade do planeta, ainda é necessário que a Humanidade passe por provações. Quando o homem se libertar do egoísmo e de todas as mazelas intrínsecas a seu espírito, não haverá mais tanta dor sobre a Terra.

– Irmão, compreendo perfeitamente o que disse, é preciso mesmo que aconteça tudo isso que presenciamos aqui?

– Ismael, entendemos que, por mais que aconteça tanto abuso de poder, todos aqueles que passam por ele estão se acertando com a contabilidade divina. Ninguém passa por tal acontecimento sem um dia tê-lo procurado. Não esqueçamos de que a lei de causa e efeito é para todos.

Observemos os pilotos japoneses que, em nome de uma guerra, jogam seus aviões sobre os navios americanos, transformando-se em verdadeiras bombas incendiárias. Eles estão cometendo suicídio consciente. Até agora, foram mais de dois mil suicídios! E em meio aos destroços, os soldados americanos recolhem alianças e dentes de ouro dos corpos dos japoneses e os guardam para si.

Naquele momento, entendi a urgente necessidade de se buscar no Evangelho de Jesus o entendimento da verdadeira razão de viver.

Ao aproximarmos daqueles espíritos, a maioria deles nos atacava, e dizia que éramos assombração, não tinham noção de que estavam mortos.

Mesmo as equipes formadas por centenas de auxiliares conseguiam resgatar um número não superior a cinco ou seis irmãos. Boa parte continuava lutando, permanecia nos campos de batalha, nas dimensões do mundo espiritual, guerreando entre si.

Nosso papel ali era de servir em nome do Senhor Jesus. Cada um deles que conseguíamos amparar, consistia para nós em uma grande vitória.

Em uma diligência, numa das ilhas do Japão, presenciamos o suicídio de mil civis. Ver corpos de crianças decapitadas, abraçadas às suas mães, também mortas, cortava-nos o coração.

Toda tentativa de ajuda de nossa parte era rejeitada por eles, pois acreditavam que éramos seus inimigos. Foi doloroso assistir àqueles irmãos desligando-se do corpo físico e se deparando com seus corpos inertes, no chão.

Muitos deles, desesperados, corriam de um lado para outro, era como se estivessem entrincheirados e presos. Era horrível ver a aflição daquelas mães, tentando proteger os filhos. O barulho das bombas, as explosões, as cenas repetitivas dos suicídios continuavam por todos os lados.

Então, disse a Davi:

– Nossos irmãos perderam a fé em Deus?

Davi, espírito dotado de grande sabedoria, respondeu:

– Ismael, o medo e o pavor de se tornarem prisioneiros levam-nos a esse ato, preferiram essa situação a serem subjugados a sofrimentos ainda piores.

CAPÍTULO 14

O TRISTE LEGADO DE HITLER

O socorro era extensivo a todos. Milhares de civis foram amparados. Ao contrário dos militares, pois a maioria não quis nos acompanhar. Em um grande comboio dirigimo-nos para a Colônia Morada Nova.

Estávamos impressionados com o grande poder que Hitler exercia ao liderar o país. Todos o respeitavam e seguiam fielmente as ideias que proclamava.

No convívio entre amigos, o ditador sanguinário era uma pessoa de finíssima educação. Demonstrava amor e carinho pelos animais, principalmente por seu cachorro. Quando as bombas explodiam ao redor da fortaleza em que vivia, ficava apavorado, queria saber de onde elas vinham. Ao receber a notícia de que os russos estavam bem próximos, ordenou que todos os comandantes da força aérea do seu país fossem enforcados.

Ao se ver acuado, o Füher convocou seus generais, em seguida, ateou fogo em toda a documentação; precisava livrar-se das provas do terrorismo que seu exército praticou!

Todos os seus generais, após lhe prestarem continência, imploravam-lhe para que saísse de Berlim. "É tarde demais," disse ele. Eles insistiam para que usasse sua força política!

Sentindo-se derrotado, disse-lhes: "- Chega, estou cansado de política! Quando eu estiver morto, vocês terão que lidar com muitos políticos!"

Mesmo vencido, não perdia a esperança. Animadamente, mostrava a maquete da cidade a eles. Temeroso pelo resultado da situação, um deles disse:

- Se quiser realizar esses planos, terá de sair de Berlim.

As bombas não paravam de cair. Houve um momento em que, desumanamente, colocaram até crianças em defesa da cidade.

No plano espiritual, havia um batalhão de espíritos que fizeram parte do exército de Hitler. Aqueles, que assumiram postos de comandantes, continuavam a protegê-lo, e também o quartel-general. Agiam como se estivessem vivos. Passaram pela morte e permaneciam guerreando, ao lado dos colegas encarnados.

Neste instante, Davi nos disse: - Ao promover e incentivar uma guerra, o homem se coloca em um nível baixíssimo de inferioridade, voltando ao tempo em que vivia intensa selvageria. Nesse momento, ele se esquece de todos os sentimentos de compaixão e de fraternidade. O que estamos presenciando aqui, por parte desses soldados desencarnados, é um profundo sentimento de lealdade ao ídolo, eles idolatram Hitler, como se este fosse um deus. Todos continuam hipnotizados pelo discurso dele. Mesmo com o término da guerra no plano físico, no mundo espiritual, eles continuarão lutando por sua causa.

No dia seguinte, acompanhamos Davi para o atendimento aos mortos da guerra. Enquanto nos dirigíamos para o local, ele nos falou:

– Irmãos, hoje visitaremos alguns campos de concentração nazistas, pois foram nesses lugares onde aconteceram as mais terríveis de todas as tragédias. O que lá veremos poderá provocar em nós forte sentimento de indignação, mas deveremos nos manter confiantes, pois tudo o que nos acontece tem uma razão de ser, serão amparados aqueles que estiverem preparados para isso. Existem lá milhares de espíritos aprisionados.

Em nosso atendimento aos desencarnados, constatamos a triste realidade. Não queremos tecer comentários sobre os cadáveres empilhados ao ar livre, muito menos, sobre outros milhares deles, dentro de vagões ou nas câmaras de gás. Profundo sentimento de compaixão tomou conta de todos nós, quando vimos inúmeros prisioneiros vivos, em pele e osso. Eram mortos vivos! Enxergamos ali o resultado da verdadeira fase negra de uma legião de espíritos que haviam se encarnado para se regenerarem, e ao invés disso, cometeram crimes ainda piores. Quando entramos nos crematórios, vimos crânios, ossos e cinzas de seres humanos espalhados por todos os lados. Unhas que haviam sido arrancadas de pessoas ainda vivas estavam presas nas paredes.

Meu Deus, era inadmissível que aquilo estivesse acontecendo! Só de relatar esse fato, sinto imensa dor na alma!

Tanto tempo depois, as fotos desses tristes episódios, mostrando a dor daqueles nossos irmãos prisioneiros, emocionam quem as vê. Imaginem vocês, nós que estivemos lá e presenciamos tudo em tempo real! Apesar de estarmos numa luta constante para nos melhorarmos, nosso desejo era de "arrancar" a dor física e a dor da alma de todos que sofriam.

Assim que chegamos a um dos setores do campo, uma multidão de prisioneiros terminava de cavar extensas valas. Aqueles pobres homens estavam suados, cansados, com sede e fome. Quando se sentiram aliviados pelo término do trabalho, os soldados alemães ordenaram que entrassem nelas. Ficamos sobressaltados quando percebemos quais eram as verdadeiras intenções do comandante, não podíamos crer que mandaria fazer tal coisa. Assim que todos entraram, mandou seus soldados atirarem nas cabeças deles, e depois, jogassem terra por cima.

Entretanto, a situação no plano espiritual era inversa. Em todos os campos de concentração que visitamos, os espíritos seguidores de Hitler eram aprisionados pelos judeus e estes lhes imprimiam severos castigos. E não eram só eles. Espíritos de várias nações se reuniram para castigar aqueles que destruíram seus sonhos de vida. Cada soldado, comandante ou coronel, seguidor de Hitler, era julgado de acordo com o mal que havia praticado.

Nossa equipe buscava reconfortar e falar do perdão àqueles nossos irmãos, mas, eles não conseguiam perdoar e não aceitavam a nossa ajuda.

À medida que os nazistas iam perdendo a guerra, no mundo espiritual, eles também estavam sendo derrotados.

Estava ali uma equipe com mais de duzentos mil benfeitores espirituais, socorrendo os que, ao se desencarnarem, não desejavam mais se envolverem com a guerra. Ao serem amparados, eram levados para as casas transitórias, que estavam de portas abertas para recebê-los.

Curioso, indaguei:

– Davi, todos os campos de concentração estão sendo transformados em prisão dos nazistas desencarnados?

— Infelizmente, todos eles. Estão ali aprisionados os espíritos daqueles que praticaram a maior matança já registrada no planeta. A situação agora se inverteu, os seguidores de Hitler são caçados e julgados como fizeram com os judeus.

— Podemos dizer que o que estamos vendo, mais uma vez, é a lei de causa e efeito? - Perguntei:

— Afirmamos que esse modo de agir é um retorno às leis mosaicas, "do dente por dente e olho por olho..." Estamos em uma guerra, meu filho; violência sempre gera violência. As grandes guerras sempre se iniciam pela falta de entendimento entre os povos. O orgulho, a vaidade e o desejo de poder levam as pessoas a acreditarem que são superiores ao companheiro de caminhada. Ao chegarem às dimensões espirituais, seus pensamentos negativos se convergem de forma a se unirem para praticarem o mal. Todos os nossos pensamentos criam imagens e formas e estão gravados no éter-cósmico. Um dia, serão materializados na Terra, tanto para o bem como para o mal. E foi isso que levou a essa guerra sangrenta.

Graças ao bom Pai, para os encarnados, ela está chegando ao fim, mas no plano espiritual, esses espíritos ainda vão continuar lutando por muito tempo.

Pelo grau evolutivo ainda inferior desses nossos irmãos, ao serem colocados nessas prisões, permanecerão ali passando por todas as agruras. Eles se sentem fortemente acorrentados, presos neste lugar e se desfalecem de fome e frio. Continuam vivendo como se estivessem encarnados. Suas mentes estão presas à sua realidade espiritual. A maioria não conquistou o sentimento de compaixão, matava por prazer.

A situação, meus irmãos, é bastante triste, constrangedora; a maioria de nossas irmãs judias, que foram estupradas, morrerreu; as que sobreviveram são escorraçadas, pois seus companheiros ou familiares não as aceitam grávidas de um nazista.

E, assim, aqueles espíritos, que não tinham vínculos com a guerra, eram amparados e encaminhados a uma Casa Transitória. No entanto, os que traziam no coração o desejo de vingança, não aceitavam a nossa ajuda, continuavam perambulando pelos campos de batalha.

— Irmão Davi, o que podemos fazer para ajudá-los?

— No momento, isso será impossível, eles não nos escutam, nem percebem a nossa presença.

Naquele mesmo dia, Davi nos informou que deveríamos seguir até o quartel general onde Hitler residia; disse-nos haver ali espíritos que precisavam ser amparados, principalmente crianças.

Ao adentrarmos o lugar, sentimos as energias negativas que envolviam todo aquele local. Presenciamos ali o desespero vivido pela alta cúpula que assessorava o ditador. Havia um clamor por parte deles a favor de Hitler, pois os sonhos daqueles que o consideravam seu ídolo, não foram concretizados.

— Irmão, o ser humano perdeu a razão, está enlouquecendo? - Eu disse a Davi.

— Tudo isto que estamos presenciando aqui é resultado da falta de amor. Tudo o que está acontecendo já era esperado, pois desde que foram magnetizados, relutam em aceitar os ensinamentos do Cristo. O motivo do desespero desse grupo é por se ver sem saída, não tem como fugir. Hitler, o chefe deles, está preparando para se suicidar. Ele preferiu tirar a própria vida a se entregar aos exércitos inimigos. Ele crê que, fazendo isso, estará tudo resolvido e que não responderá pelos crimes que cometeu.

Naquele momento, uma cena impressionante ocorreu: a esposa do ditador, bastante aflita, rogava clemência para seu cunhado, que traíra a confiança de seu esposo. Sabendo que também morreria, disse-lhe: - Por favor, lhe imploro para que não mate o esposo de minha irmã, que está sofrendo muito; sei que vou morrer e se ela o perder, como fará para criar o filho que está esperando?

Conscientes de que não tinham como fugir, comandantes e soldados do ditador aproveitavam as suas últimas horas de liberdade. Eles se embriagavam e envolvidos em orgias, dançavam com dançarinas seminuas. Porém o desejo de alguns deles era fugir para não assumirem a responsabilidade de todas as atrocidades que haviam cometido. E neste clima em que o Füher se mataria, grande parte dos generais, comandantes e soldados se suicidaram.

Foi uma situação bastante triste de se presenciar, porque cometeram tal ato em respeito e gratidão àquele que levara à morte milhares de pessoas. Se quisessem, até poderiam ter fugido, conquistariam a liberdade, mas grande parte daqueles, que assessoravam o ditador preferiu morrer com ele.

Após o suicídio de hitler, as crianças que se encontravam na fortaleza subterrânea foram envenenadas pelos seus pais.

O ditador, desumanamente, perseguia os judeus, pois tinha fixa a ideia de conseguir uma raça mundialmente pura, a raça ariana. Quase sete milhões de judeus foram eliminados por ele e seus comandados, na tentativa de conseguir tal objetivo.

De forma sórdida e cruel, Hitler e seu grupo realizavam experiências em pessoas e não se compadeciam de seus sofrimentos. Milhares morreram nessas tentativas.

Ele tinha o desejo de que seu nome fosse lembrado na posteridade. E, realmente, o será pelas horrendas ações feitas por conta de um ideal.

Como Hitler, naquele tempo, haviam se espalhado pelo orbe outros ditadores, assim como existem até hoje. Não com o mesmo poder de liderança e o infame desejo de dominar o mundo.

Esse espírito teve todas as oportunidades para buscar de forma equilibrada a melhoria espiritual, mas acabou realizando a maior destruição apocalíptica da história da humanidade, ele foi a grande besta destruidora de sete cabeças. Cada cabeça representava um ditador sanguinário que passou pela Terra.

Após o suicídio, todos vivendo em total perturbação espiritual, foram atraídos por vibrações cósmicas magnéticas para um mundo inferior, que ainda está vivendo o estágio primitivo.

Depois de promoverem de forma brutal a Primeira Guerra Mundial, todos os envolvidos foram levados para uma dimensão espiritual de um mundo compatível com o estado primitivo deles. Devido a energias negativas em que estavam envolvidos, com o passar do tempo, tomaram formas animalescas. Como sabemos, eles não regrediram, estão estacionados, guardam em si toda a bagagem intelectual já adquirida.

O grupo de criminosos, que tinha Hitler como chefe, aportou neste mundo pelas afinidades energéticas; acuado, era atacado por aqueles “espíritos” feras.

Viviam agora em corpos perispirituais inferiores, construídos por eles mesmos. As vibrações interagiram, acoplaram-se com as densas energias daquele planeta.

Ao presenciarmos aquele processo, em que os espíritos eram levados para mundos inferiores, eu disse ao instrutor Davi:

– Irmão, a Misericórdia Divina criou no espaço sideral lugares para nos abrigar, onde daremos continuidade à nossa evolução espiritual...!

– Ismael, as leis de Deus são imutáveis, soberanas e inteligentes, porque Deus é a inteligência das inteligências. Tudo que Ele cria é perfeito, e todos nós fazemos parte dessa perfeição. No espaço cósmico não existe nada sem utilidade. Tudo que Deus cria tem uma razão de ser. Por isso somos atraídos por vibrações magnéticas de acordo com nossos atos e pensamentos. Nossos sentimentos nos revelam o que somos. Não podemos esquecer que somos espíritos imperfeitos, com a responsabilidade pelo nosso aperfeiçoamento.

Os espíritos, no mundo espiritual, são atraídos pela sintonia. Se um espírito passa a vibrar em uma faixa diferente do mundo que o abrigou, automaticamente é levado para um orbe que tenha a mesma frequência que ele. E assim, naturalmente, é feita a transição.

– Os espíritos saem de um planeta e a ele chegam de modo natural?

– Sim, deixam o plano em que vivem sempre acompanhados pelos amigos espirituais, e são acolhidos por uma equipe, que lhes dará suporte nessa nova etapa de vida.

A Terra ainda recebe espíritos oriundos de mundos primitivos. São aqueles que avançaram em sua evolução e não podem mais permanecer ali.

– Ao recebê-los, o planeta Terra não estaria protelando a sua regeneração?

– Não, pois chegam aqui espíritos compatíveis com as energias do planeta, e que têm compromisso de alavancar o progresso deste. Podemos observar que o número de irmãos que têm deixado o plano terrestre é muito maior. Esse processo se acentuou com aqueles espíritos que fomentaram a Primeira Guerra Mundial. A transição não acontece num piscar de olhos, pode durar milênios. Esses espíritos, que estão se dirigindo para esse mundo primitivo, terão muitas dificuldades para voltarem a habitar a Terra, porque estão cristazilados no mal. Mas, também, sabemos que, querendo ou não, somos impulsionados para evolução. Portanto, eles, um dia, despertarão para o bem. Se soubessem a importância desses orbes para o desenvolvimento do espírito, aproveitariam melhor a oportunidade reencarnatória, pois só através do amor, da caridade e do perdão incondicional é que o espírito alavanca sua evolução.

E para conquistarmos esses sentimentos sublimados, é necessário que tenhamos boa vontade e determinação.

A fortaleza de Hitler que fora construída em solo profundo, exatamente para que suportasse os ataques inimigos, foi invadida por uma falange de espíritos judeus. O grupo fortemente armado, caçava os nazistas como animais.

Ali presenciamos um grande combate. Como eram em número maior, eles prenderam a laço todos os inimigos, e após torturá-los, os conduziam para os campos de concentração.

Depois de orarmos em favor daqueles espíritos, Davi comentou:

— Algumas equipes de trabalhadores permanecerão aqui junto deles e farão um trabalho de conscientização desses nossos irmãos, para que entendam que cada um será responsabilizado por seus atos, e que não é necessário fazer justiça com as próprias mãos.

Quanto aos prisioneiros, em tempo oportuno, a Misericórdia Divina dará a esses uma nova oportunidade reencarnatória, e se não se esforçarem para se melhorarem, serão levados para mundos inferiores.

Orávamos em favor deles e falávamos dos ensinamentos de Jesus. Cansados, muitos dos seguidores de Hitler se renderam à palavra da Boa Nova. Esses foram amparados e levados para uma colônia na dimensão espiritual de Berlim. As crianças também foram levadas para o orfanato de uma dessas colônias. Apesar de serem espíritos evoluídos, com o processo de esquecimento do passado, estavam vivendo um período de perturbação causado pela desencarnação.

Em 1945,chegou o fim da Segunda Guerra Mundial, que deixou um saldo de 70 milhões de mortos, incluindo civis e militares. Entre estes, sete milhões eram judeus e pessoas que tinham algum tipo de deficiência física ou mental, negros, prostitutas e homossexuais que foram perseguidos e mortos.

Nos períodos dessas guerras insanas, mais de 180 milhões de pessoas foram mortas pelas mãos dos governantes ditadores.

Com o final da guerra, retornamos à Colônia Espiritual Casa do Pai, e ali permanecemos por muitos anos, colaborando na recepção dos espíritos superiores que vinham de outras colônias. Esses haviam assumido o compromisso de encarnar-se na Terra pela primeira vez, e ansiavam por auxiliar na evolução do planeta. A contribuição deles seria no campo do desenvolvimento científico, em benefício da saúde; na tecnologia do conforto e do bem-estar. Mas o principal objetivo dessa equipe era trabalhar com os terráqueos o sentimento de amor incondicional no campo da fraternidade. Com esse objetivo consolidado, o Orbe dará um salto em sua evolução, atingindo o alto nível de progresso intelectual e moral, e assim, aqueles que, futuramente, se encarnarem na Terra, poderão sentir que estão em um mundo mais feliz.

CAPÍTULO 15

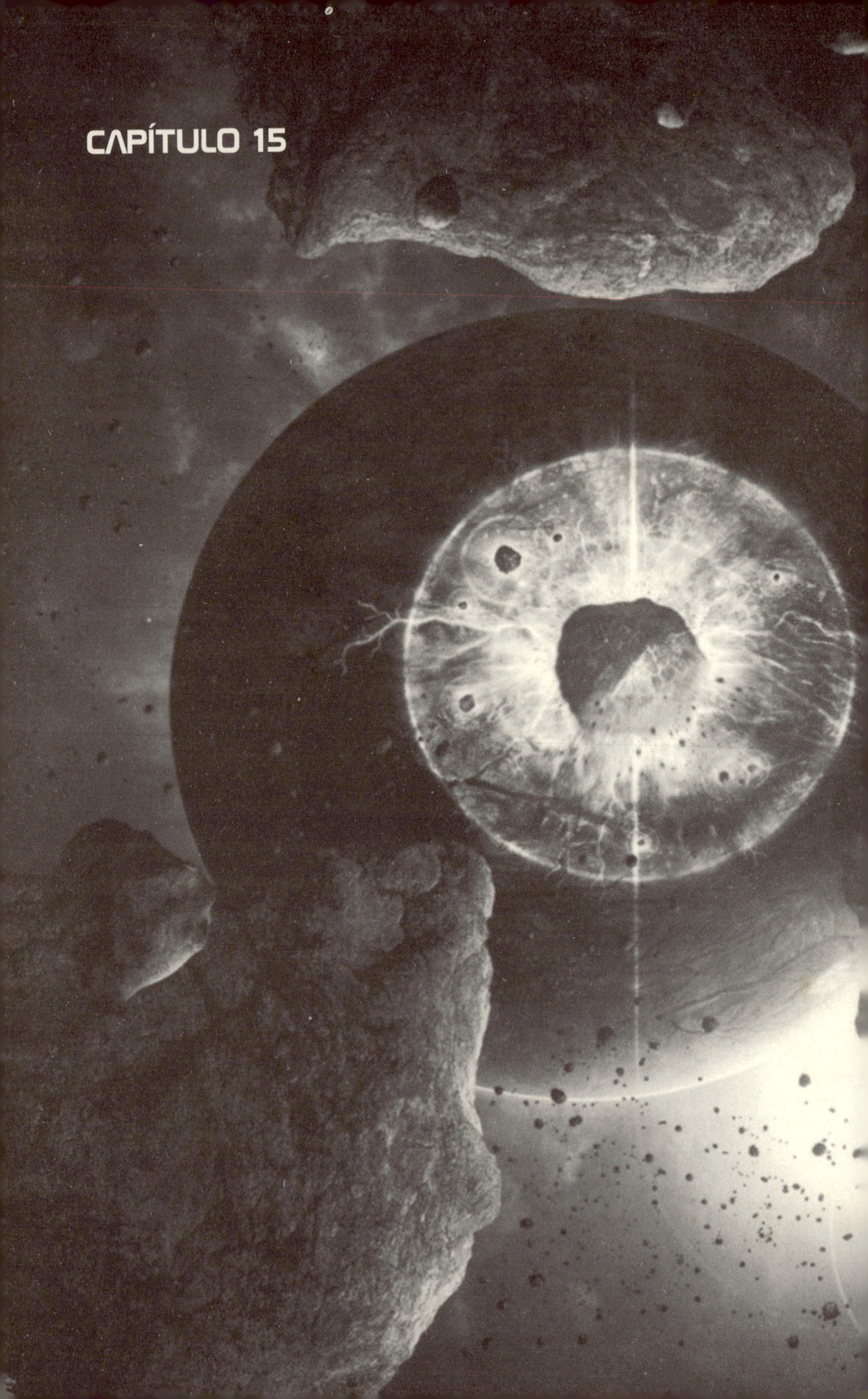

A PRISÃO DOS NAZISTAS

No ano 2000, a equipe do irmão Davi recebeu a incumbência de voltar a um antigo campo de concentração. Estima-se que Hitler tenha criado 15.000 (quinze mil) deles.

No plano físico, quando os aliados descobriram o grande sofrimento nos campos de concentração nazistas, era difícil diferenciar os vivos dos mortos, tamanho o estado da grande carnificina humana. Somente os olhos assombrados revelavam se um esqueleto estava vivo. Após a libertação, um milhão de sobreviventes não voltaram para casa, temendo outro holocausto.

Depois de intenso esforço, das outras equipes espirituais, junto aqueles espíritos, nosso objetivo era visitar um dos ex-campos de concentrações nazistas, conhecido pelas piores atrocidades que praticaram contra a vida, não somente dos judeus, mas contra todos aqueles que Hitler considerava seus inimigos.

Quando nos aproximamos do campo de Buken Bold, pudemos ver que toda aquela estrutura montada pelos espíritos judeus para o julgamento e condenação dos nazistas continuava na ativa.

Assim que os espíritos notaram a nossa presença, um deles se aproximou, e, em seguida, outros também vieram. Eu podia sentir em alguns deles a tristeza e o arrependimento. Derramando lágrimas copiosas, pedia-nos para que os ajudássemos, pois não suportavam mais tanto sofrimento.

– Irmão Davi, depois de passarem por todo esse sofrimento, não é chegado o momento de receberem auxílio? - Indaguei:

– Certamente, se eles estivessem verdadeiramente arrependidos, já teriam sido amparados. Nem todos estão usando de sinceridade, estão fazendo uma encenação. Observe-lhes bem os pensamentos, principalmente o do representante do grupo. Assim que forem libertados, planejam atacar e provocar confusão nas colônias, onde estão muitos daqueles que foram seus prisioneiros.

Todas as Colônias espirituais que ficam na crosta terrestre, reforçaram sua segurança contra ataques de espíritos desordeiros, que tentam, violentamente, invadi-las. O objetivo deles é resgatarem seus prisioneiros, que foram amparados pelas equipes socorristas.

Nosso objetivo era resgatá-los, e levá-los para as colônias, pois se aproximava o tempo em que deveriam voltar à Terra através de uma reencarnação compulsória.

Após o resgate daqueles espíritos, seguimos para a República do Irã. Ali encontramo-nos com várias outras caravanas salvacionistas. Nossa missão era nos prepararmos para resgatar os milhares de espíritos que desencarnariam no grande terremoto que ocorreria naquele país, porque a maioria deles não voltaria a reencarnar no plano terrestre, pois seria levada a mundos primitivos.

O processo de transição está se acelerando através das desencarnações em massa, causadas por vários tipos de fenômenos naturais. O tempo passa e as tragédias no planeta Terra aumentam de forma acelerada.

E, diante disso, o plano terrestre tem recebido espíritos iluminados vindos de outros orbes, com o objetivo de ajudarem no processo da transição. Eles participarão dos trabalhos de esvaziamento das regiões trevosas e das inúmeras cidades construídas pelos espíritos inferiores que, há muito, são usadas como prisões. Esses nossos irmãos envolvidos em muito ódio e forte desejo de vingança não compreenderam que é a lei do amor, do perdão e da caridade que nos proporciona a verdadeira felicidade.

CAPÍTULO 16

A TERRA A CAMINHO DA REGENERAÇÃO

E Davi, continuou dizendo: - Ismael, o Orbe Terrestre está vivendo o auge de sua transição. Desde o ano de 1913, dez milhões de espíritos foram levados em ação contínua para mundos inferiores, compatíveis com as energias com que estavam envolvidos, dando assim, um passo para o seu processo de paz. E aquele que não tiver no coração o firme propósito de fazer a reforma íntima, não permanecerá na Terra.

Ao adquirir a maturidade espiritual, a humanidade não alimentará mais pensamentos de que acontecerá uma Terceira Guerra Mundial. No entanto, nos dias atuais, há uma movimentação contrária a esse pensamento, pois, em vez de vibrarem positivamente pela paz, muitos esperam outras tragédias mundiais como aquelas que ocorreram.

A maioria dos meios de comunicação afirma com frequência que a falta de água potável será a responsável por mais um grande conflito entre as nações e seus comandantes, envolvidos numa luta desigual, matarão pessoas inocentes. Outros, para impor terror, dizem que não haverá alimento suficiente para a população mundial, deixam nos inconscientes dos seres humanos a ideia de que serão dizimados pela fome. Isso é um absurdo, é esquecer-se de que Deus está sobre o comando da Natureza. É ignorar as leis naturais.

É importante dizer que, enquanto estiver no plano terrestre, em pleno estágio de Regeneração, o espírito encarnado não se alimentará como o faz hoje. Nesse período, o perispírito estará em sua forma mais sublime.

Estamos vivendo momentos cruciais. E a deportação de espíritos para outros mundos acontece numa velocidade espantosa! As regiões das trevas e as umbralinas em volta da Terra estão se esvaziando. Os desencarnados em alto grau de inferioridade estão bem próximos das pessoas, por isso os processos de obsessões estão mais acentuados. Isso vem acontecendo também, para que a humanidade, ao sentir a presença deles, busque conhecimentos nessa área, e, passe a acreditar na existência do espírito no plano espiritual. Na maioria das vezes, a aproximação desses irmãos desencarnados ocorre, devido às energias negativas do encarnado. Influenciando os encarnados negativamente eles têm lhes proporcionado situações também negativas, e o resultado é a violência que vem tomando conta do mundo.

Nesse momento, Doralina se aproximou e, após cumprimento fraterno, questionei:

– Minha querida, temos conhecimento de que as drogas têm levado os jovens ao envolvimento com a criminalidade, e que esse problema se transformou em uma verdadeira catástrofe. Até as famílias bem estruturadas estão sendo destruídas por elas?

– Meus amigos, isso é efeito do esvaziamento das trevas. Eles estão entrando em sintonia com os encarnados que assimilam tais pensamentos, o que tem gerado um processo de vampirização. A estruturação de que falou, muita das vezes, é de um ou dois familiares, pois sabemos que nos seios das familías, sempre se encarnam espíritos inferiores.

Nos países em que a democracia ainda não é um regime bem estabelecido, as leis, na maioria das vezes, não são cumpridas de modo satisfastório. Em alguns, as drogas são até liberadas. Até mesmo em países, cujo regime é ditatorial, e haver até pena de morte, o consumo de drogas está presente e espalhando entre eles esse grande mal. Apesar de ser combatido, o tráfico de drogas tem assumido um papel de destaque na crescente onda de crimes, que vem acontecendo no planeta.

A maldade está por toda parte, mas se fizermos uma comparação com a época da Idade Média, veremos que esta violência, hoje, é muito menor.

Com a globalização e o grande avanço tecnológico na área da comunicação, as pessoas têm acesso imediato a todos os fatos acontecidos em qualquer parte do mundo. E nesse meio, o que sempre dá audiência são os crimes e delitos graves. Isso faz com que este problema aumente cada vez mais, diante de tanta exposição, e do interesse, nem sempre humanitário, das redes de comunicação que, de alguma forma, ajudam a disseminar a discórdia na sociedade.

O bem é tímido, e o homem se esconde nessa timidez dele. Na maioria das vezes, as pessoas sentem vergonha em propagar o bem, mas com grande desembaraço falam do mal.

– Mas, aqueles que estão praticando todos os tipos de perversão e não se sentem culpados, pelo contrário, praticariam os mesmos delitos, quantas vezes tivessem oportunidades. O que acontecerá com eles? indaguei ao meu companheiro Davi.

Passados alguns segundos de profunda reflexão, ele respondeu:

– Assim que se desencarnarem, imediatamente, serão retirados dali, para as esferas inferiores, pois suas vibrações negativas não lhes permitirão encarnar-se novamente no plano terrestre.

Contudo, mesmo no mundo inferior, tudo é regido pelas leis divinas. As situações vão acontecendo naturalmente. Eles lá ficarão, até que se encontrem em condições de nova encarnação.

Mudando de mundo, o perispírito tem a matéria de acordo com a densidade do orbe que vai habitar. Todos os conhecimentos já conquistados permanecerão com ele, em estado latente. Diante disso, em alguns momentos, o sofrimento é intenso, porque estará vivendo em uma atmosfera diferente daquela à qual estava acostumado.

Podemos dizer que nosso corpo perispiritual é o mais potente aparelho gravador criado por Deus. Todos os nossos atos e pensamentos ficam registrados nele.

Você se recorda do nosso irmão Nakaiaka, ele foi um dos primeiros espíritos a serem deportados para o Orbe Terrestre. Ele alcançou alto patamar evolutivo, e na época da guerra muito contribuiu no resgate de seus irmãos japoneses.

Cada corpo perispiritual é formado da matéria quintessenciada, advinda do próprio mundo que o espírito esteja habitando. O corpo espiritual é a matriz, o físico é uma cópia. E ao reencarnar nesse planeta, receberá um corpo físico formado pela matéria de que tal orbe é composto.

Dos espíritos que chegaram a Terra, noventa por cento não tinham condições de se encarnar imediatamente. Foi necessária a mudança biológica dos corpos físicos, os engenheiros siderais tiveram que interferir no DNA deles.

Portanto, a estrutura física do homem foi completamente alterada. Foi criada, então, uma nova geração de seres humanos.

Ao perceber meu espanto com todas aquelas informações, Davi comentou: - Ismael, não se assuste, pois são vários os mundos que receberão os espíritos que estão sendo exilados da Terra. Não irão somente para mundos primitivos. Alguns vão para lugares onde já existe uma civilização mais organizada. Em um desses orbes, a evolução é comparável ao tempo em que os egípcios construíram as pirâmides! Todos eles também estão sob o comando de Jesus.

Os mesmos espíritos siderais que trabalharam na preparação da Terra, para que esta pudesse nos receber, estão à frente do plano de preparação desses orbes.

Curioso, indaguei:

– Existe uma estimativa do número de espíritos que serão deportados?

– Hoje a Terra tem trinta bilhões de espíritos vivendo entre as duas dimensões, vinte bilhões destes serão levados para mundos inferiores. Até o ano de 2070, no Orbe Terrestre encarnará um total de dez bilhões de espíritos missionários, oriundos de mundos superiores. Eles virão para impulsionar o desenvolvimento científico, moral e intelectual. A maioria deles já passou por aqui, quando este planeta estava sendo preparado para receber os primeiros hóspedes. Eles possuem profundos conhecimentos na área da genética, deram um impulso ao progresso deixando o Orbe em condições suficientes, ao interferir nos genes humanos, nas moléculas, no clima do planeta e, com isso, possibilitando-nos a oportunidade de estarmos aqui por alguns milhares de anos.

CAPÍTULO 17

LIBERTANDO-SE DAS PRISÕES

Sessenta e dois anos após o fim da Segunda Guerra Mundial, a equipe socorrista do irmão Davi e do nosso companheiro Hércules, da qual eu também fiz parte, recebeu a missão de retornar aos campos de concentrações nazistas. Mais uma vez, presenciamos o sofrimento daqueles espíritos que eram mantidos prisioneiros.

Diante de cenas estarrecedoras, perguntei a Hércules se, depois de tantos sofrimentos, nazistas e judeus não haviam resgatado seus débitos?

E ele respondeu:

— Ismael, um número considerável de espíritos, ao passar pelo sofrimento, sentiu-se tocado pelos ensinamentos de Jesus, rogou ajuda. Esses foram amparados e acolhidos em algumas de nossas Colônias ou Casas Transitórias. Os judeus, que permaneceram nesses campos, ainda alimentam ódio por aqueles que lhes tiraram tudo que possuíam e, como estamos presenciando aqui, continuam de modo pertinaz a fazer justiça com as próprias mãos. Já os seguidores de Hitler, que tiveram a mente dominada pelo desejo de exterminar todos os judeus, a cada instante, têm a mente fixa naquele desejo. Nosso objetivo é resgatá-los e encaminhá-los a uma encarnação compulsória, na Terra.

Hércules continuou dizendo: - Os judeus têm o conhecimento das leis de Deus, mas ainda não conseguiram compreendê-las. A centelha divina está dentro de todas as criaturas, mas nem todos estão preparados para que ela germine no coração.

Aqueles, a quem consideramos nossos inimigos, não existem, os nossos verdadeiros inimigos são as mazelas que estão intrínsecas em nosso espírito e que precisam ser extirpadas. São elas que nos levam ao sofrimento e retardam a nossa evolução.

Nossos irmãos terão uma reencarnação compulsória, nesse caso o espírito perde o direito de escolha. E, também, para estes, são as últimas oportunidades, se não se esforçarem para se melhorarem, seguirão para planos inferiores.

– Esses espíritos, ao passarem por uma encarnação compulsória, também, nascerão com alguma deficiência?

– Nesta primeira oportunidade reencarnarão com deficiências físicas e mentais, para que suas ações não venham a interferir no progresso do planeta.

Muitos de nossos irmãos, na última reencarnação, tinham o propósito de salvar vidas, eram médicos com grande potencial, mas, ao se deixarem dominar pelas ideias de Hitler, através de mirabolantes experiências proporcionaram a morte de milhares de pessoas. Podemos imaginar o quanto devem ter sofrido nossos irmãos judeus, pois esses experimentos eram realizados neles ainda em vida!

– E esses que deixaram morrer de fome outros milhares deles?!

– Filho, a lei de causa e efeito é para todos, eles serão levados a se encarnar nos países mais pobres do Continente Africano. Passarão por essas provas com o objetivo de se redimirem de seus erros. Não se esqueça de que Deus não desampara seus filhos. Ele sempre nos dá novas possibilidades, conforme a nossa necessidade. Quando passamos por elas e não nos colocamos como vítimas, estamos aprendendo a lição, essa provação é como uma alavanca para evolução desse espírito. Deus não quer o sofrimento dos seus filhos, mas há momentos em que necessitamos dele.

Permanecemos por muito tempo na Terra, visitamos centenas de outros campos nazistas, até o dia em que o irmão Hércules recebeu uma mensagem de que deveríamos seguir até o Iraque. Com a Guerra do Golfo, primeiro conflito moderno, tivemos a oportunidade de confirmar o que irmão Hércules havia dito.

Vimos a grande destruição dos campos de petróleos e das bases de lançamentos de mísseis, milhares de tanques de guerra destruídos, pontes e usinas ao chão. A infraestrutura do país destruída.

Um pequeno número de civis e militares tinha perdido a vida física. Com todo o aparato bélico utilizado, se fosse na época das duas grandes Guerras Mundiais, as baixas seriam centenas de vezes maiores.

Por outro lado, os desastres naturais aumentaram consideravelmente. Terremotos, maremotos, vulcões e furacões têm causado a morte de milhares de pessoas pelo mundo. Em todas as épocas de sua história, o Orbe Terrestre vem passando por esse processo de transformação. A grande diferença é que, a população aumentou extraordinariamente. Então, os efeitos desses desastres são muito maiores. As grandes provas coletivas são necessárias para a regeneração do planeta. Essas desencarnações ocorrem dentro da lei de causa e efeito. Há espíritos resgatando dívidas de dois mil anos! Todos são atraídos pela própria vibração e reunidos em um só lugar, a fim de que a lei de Deus possa ser cumprida e assim ter a oportunidade de se redimir das faltas pretéritas.

Não podemos nos esquecer de que, dentro desse processo, muitos têm sido deportados para mundos inferiores compatíveis ao nível evolutivo de cada um. Lembremo-nos do ensinamento de Jesus Cristo: "Chegará o momento da separação do joio do trigo". Estamos vivendo-o agora. Aqueles que estão preparados espiritualmente, aqui permanecerão. A oportunidade Deus sempre nos dá.

CAPÍTULO 18

A EVOLUÇÃO DO ORBE TERRESTRE

Em um momento de reflexão, eu disse a Davi:

– Estamos vivendo a grande Era do desenvolvimento científico e tecnológico. Acredito que ninguém esperava que, em pouco mais de um século, o mundo atingisse esse desenvolvimento! Esse acontecimento foi um marco na história da humanidade. Mas, acredito que ainda há uma grande necessidade de o homem desenvolver em si mesmo o sentimento de respeito e solidariedade!

– Você tem toda razão! A Terra, no momento, está vivendo um verdadeiro caos em relação a esses sentimentos, porque diante da turbulência do processo de transição, o ser humano está meio perdido. A maioria das pessoas tem consciência do certo e do errado, mas ainda não consegue ter uma vida reta dentro dos preceitos do Cristo.

Com o aumento da população mundial, eles foram construindo suas moradias de forma desordenada, sem nenhuma preocupação em relação à natureza. As florestas que se estendem sobre o solo daquele Orbe têm considerável importância para a humanidade, bem como o reino mineral deve interagir de forma contínua e harmoniosa com o reino animal.

Nesse momento, Hércules disse-nos:

– Meus amigos, observemos como aconteceu o processo evolutivo no Mundo Estrela de Luz. Os espíritos ali encarnados já alcançaram alto grau evolutivo e têm plena consciência de que são responsáveis por alavancar o progresso daqueles princípios inteligentes que continuam habitando corpos de animais.

Davi acrescenta: - A evolução de um planeta só acontece, quando seus habitantes progridem. Aquele mundo, sendo ditoso, tem todos os recursos naturais para a sobrevivência de seus habitantes. Nesses mundos, o desenvolvimento científico, moral e intelectual são elevados e, também valorizados, porque os espíritos, que ali habitam, superaram todos os conhecimentos que este Orbe pôde lhes oferecer.

Ao recordar as tragédias das guerras que se abateram sobre o plano terrestre, perguntei ao irmão Hércules:

– A Terra ainda vai passar por outra guerra com a mesma intensidade e proporção, como ocorreu na Segunda Guerra Mundial?

– Elas continuarão, porque no momento ainda são necessárias, devido à inferioridade do planeta. No entanto, guerras como aquelas, esperamos que não aconteçam mais no plano terrestre. Seguindo a linha do raciocínio dos governantes que se consideram poderosos, a intenção de guerrear hoje tem outro objetivo, não o de destruir vidas humanas, mas, principalmente, o de destruir os poderes militares e a infraestrutura dos países envolvidos.

Rogamos que os homens se sensibilizem com o sofrimento do seu próximo e que o sentimento de solidariedade envolva seus corações para que a paz reine neste Orbe. Que cada um veja o semelhante como irmão em Cristo. Infelizmente, as guerras ainda vão continuar, pois o fator preponderante, para que haja paz nesse mundo, é a evolução dos seus habitantes.

Mas chegará o tempo em que os governantes perceberão que a guerra, por menor que seja, sempre traz grandes prejuízos.

Tempo virá em que a própria população se organizará contra os governantes que declararem guerra a outro país, e isso contribuirá para a diminuição dos conflitos. Aos poucos, estarão se organizando para a não violência. Não está longe disso acontecer, porque a força de um país não está em um homem, nem em seus governantes, e sim, na coletividade.

Os conflitos existentes são a materialização de nossos pensamentos negativos. E quando permitimos que energias negativas advindas da mágoa e do ódio dominem nosso coração, somos levados a usar essas armas para ofender e maltratar nosso semelhante. Esses bombardeios de pensamentos saem de uma fonte geradora, seguindo para o ponto aonde foram direcionados. Se o alvo não estiver receptivo, essa energia voltará, imediatamente, para a fonte criadora, destruindo as células e os órgãos perispirituais que têm a função de controlar e manter o equilíbrio interior do indivíduo, causando marcas profundas que, em algum momento, se transformarão em doenças incuráveis que, um dia, serão materializadas no corpo físico. Portanto, somos os únicos responsáveis pelas nossas enfermidades. Agindo assim, nos esquecemos de que o nosso objetivo maior deve ser a conquista da paz.

Há outro fator importante a se considerar, enquanto houver espíritos vivendo nas regiões umbralinas e abismais da Terra, teremos como resultado da influência deles sobre os encarnados, os conflitos entre os governantes, e as desavenças interpessoais.

O Cristo assumiu o compromisso de nos acompanhar em nossa evolução desde o tempo em que estagiávamos como princípio inteligente nos primeiros corpos espirituais e até materiais, percurso que Ele, também, fez em sua trajetória evolutiva. Desde essa época, quando adquirimos a razão, na condição de espíritos livres, e que conquistamos o livre-arbítrio, o Mestre continuou a velar por nós, pois seu amor não tem fim. O amor é o alimento que sustenta aquele que já alcançou o patamar dos mundos superiores.

Naquele momento, havia terminado de integrar a equipe um espírito muito elevado, o mesmo que nos recepcionou, na minha visita ao mundo Estrela de Luz, no 1º século da Era Cristã.

Após abraços fraternos em nome de Jesus, desejou muita paz a todos.

Em seguida, disse-nos: - Irmãos, pelos planejamentos de Jesus Cristo, todos nós, tarefeiros da última hora, devemos seguir imediatamente até às cidades e zonas umbralinas, que ficam nas regiões abismais da Terra, com o objetivo de mapear essas zonas, agilizando, dessa forma, os trabalhos de esvaziamento dessas regiões.

Disse-nos ainda: - Há muito tempo, isso tem ocorrido. Contudo, a partir de agora, viveremos os tempos finais desse trabalho.

CAPÍTULO 19

A CIDADE DOS ARREPENDIDOS

Depois da oração fervorosa, seguimos para uma localidade, que funcionava como prisão para muitos espíritos inferiores e, principalmente, para um personagem que ficou marcado na história.

O grupo, que era bastante grande, foi dividido em duas equipes. Cada integrante seria um observador capacitado para avaliar os setores que lhes fossem designados.

Hércules, ao tomar conhecimento de um resgate naquela cidade, para a qual nos dirigíamos, voltou-se para mim e disse: - Ismael, tomei conhecimento de que, há alguns séculos, você participou de uma equipe salvacionista, pela qual nosso querido Bartimeu era o responsável. Nessa oportunidade, vocês vieram até aqui e, após intenso trabalho de amor, resgataram o soldado Longinus.

Naquele momento, as imagens voltaram à minha mente e, como um filme, revelou todos os momentos do despertamento daquele soldado:

Enquanto atravessávamos as partes mais escuras das regiões umbralinas, passávamos por inúmeras cavernas. Ali, ouvimos também gritos de pedido de socorro e lamentações. Era um verdadeiro vale de lágrimas. Eles repetiam: "Meu Deus, por que sofro tanto", "Por que me abandonastes?" E todo aquele choro e lamentação aumentavam ainda mais o sofrimento daquelas almas.

Chegamos a uma cidade sombria, e de ruelas bem estreitas. Observei, que, de um lado de uma delas, havia várias cavernas que eram usadas como prisões.

Bem próximo, havia uma praça, e no centro dela um trono, no qual estava sentado um espírito que parecia ser o responsável pelo lugar. Seu tamanho era descomunal. Tinha cabelos longos, unhas e dentes enormes, os olhos eram vermelhos, e o semblante era verdadeiramente de um ser monstruoso. À direita e à esquerda dele, vimos outros tronos menores, que eram ocupados por seus subalternos. Assistiam a uma marcha que acontecia. Era um batalhão de soldados, que lhes prestavam continência, como se aquele ser fosse um general.

À frente daquele ser, havia um tronco de árvore cravado no chão.

Nele estavam amarrados, para não escaparem dos castigos que lhes eram aplicados impiedosamente, cinco espíritos. Diante daquela sessão de tortura, eles soltavam gritos pavorosos. Os carrascos foram incumbidos de chicoteá-los e, assim que terminassem, deveriam buscar outros prisioneiros.

Para nós, foi um momento de grande tristeza ter de presenciar aquelas cenas de horror. Mas, aos olhos daquela plateia, era uma festa, um espetáculo, pois davam gargalhadas e gritavam bastante. Por todo o tempo em que permanecemos naquele lugar, a equipe se manteve em oração, rogando a Jesus que envolvesse todos em sua luz. Mantivemo-no a certa distância, para não sermos vistos, pois nos considerariam invasores. Não demorou muito, e um grupo de soldados saiu de uma das prisões e, para nossa surpresa, eles só trouxeram um prisioneiro. Enquanto caminhavam para o centro da praça, lembrei-me daquele rosto. Eu não podia crer, aquele era Longinus, que foi levado até o tronco, e ali foi amarrado. Em seguida, um soldado se dirigiu até o lugar em que ele se encontrava e colocou em uma de suas mãos, uma lança. Aquele ser horripilante levantou-se e caminhou na direção do prisioneiro. De forma bem grosseira, deixando transparecer seu desprezo, falou: - Soldado, esta lança que está em sua mão é a mesma com a qual você desferiu o golpe no coração do Filho do Homem. Ela o acompanhará pela eternidade. Estou aqui para fazer justiça, pois ouvi dizer que o seu Deus não pune os criminosos. Saiba que assumi esse lugar! Aqui, sou um deus. Você, agora, receberá o que merece!

Imediatamente, aquele homem de aparência horrenda pegou a lança e começou a perfurar seu corpo, ele, ao mesmo tempo em que recebia os golpes da lança, emitia um som terrível que não era um pedido de socorro. Ele pedia-lhe para não ferir somente seu corpo, mas que perfurasse também os seus olhos, pois afirmava não ser merecedor de continuar enxergando, e implorava que lhe tirasse a vida.

Mas o seu carrasco lhe respondeu aos gritos: - Não pretendo perfurar seus olhos, muito menos matá-lo, pois este é o meio que tenho para fazer com que você nunca se esqueça do que fez com o Rei dos Judeus!

E, ele teve o corpo todo lancetado, inúmeras vezes, sentia o sangue escorrer, mas todo aquele sofrimento só o fazia lembrar-se do que fizera a Jesus e o arrependimento tomava conta de sua mente. Quando o chefe se sentiu cansado, pediu que levassem o prisioneiro.

E assim foi feito. Desataram as cordas e o arrastaram até uma cela, jogaram-no ali como se fosse um animal. Em seguida, trancaram-na, para que ele não pudesse sair.

Assim que os soldados saíram, nossa equipe entrou na cela. O mau cheiro era forte. Havia muitos outros espíritos, todos traziam na fisiononia tristeza e dor. Largado no chão, continuava gemendo, mas seu pensamento se voltava sempre para o que ele mais queria: o suplício pelo sacrifício. Diante de quadro tão desolador, elevamos o pensamento até o mais Alto e pedimos a Deus por ele. Longinus, preso aos seus sofrimentos e angústias, não conseguia ouvir nossas preces.

Bartimeu, sentindo a grande dificuldade daquele resgate, pleno de sentimento paternal, começou a falar com aquele espírito em pensamento: "Longinus, não devemos entender o Cristo como um homem qualquer. Nós devemos entendê-Lo como um bálsamo que alivia nossas dores, que recupera nossa alma aflita, cansada por nossas imperfeições". "Você se lembra das palavras de Jesus: 'Se alguém lhe pedir a túnica, dê-lhe também a capa'? Ele não deu somente a capa, mas deu também o remédio para aliviar nossas dores. Ele disse que quando alguém lhe pedir para caminhar mil passos, que não devemos caminhar somente mil passos, mas sim, dois mil. Ele não somente caminhou dois mil passos com aqueles que lhe fizeram mal, ele caminha conosco por toda a eternidade. Você, meu irmão, era somente um soldado que estava ali, cumprindo ordens. Você poderia ter agido diferente, mas naquele momento não o fez! Saiba que aqueles que faziam parte do colégio apostolar e que estavam bem próximos de Jesus, também tiveram seus momentos de fraqueza. Lembra-se da traição de Judas? Ao reconhecer seu erro, cometeu suicídio, e, naquele momento, foi envolvido pela escuridão. Assim que Jesus foi crucificado, com seu espírito liberto, imediatamente, foi ao local em que se encontrava o espírito de Judas, numa tentativa de resgatá-lo. Mesmo diante de seu ato, Judas aceitou o amparo de Jesus e, assim, foi retirado daquela região. Viemos aqui para resgatá-lo e ajudá-lo a sair deste estado de pertubação. Chegou o momento de você se refazer, praticando o bem a outras pessoas. Você vem passando pelo mesmo martírio que praticou contra a vida de Jesus, sofre constantemente perfurações feitas com a lança e, além disso, sofre a dor da consciência. Você pensa que ainda precisa mais? Jesus não quer que resgatemos nossos erros com tanta amargura, mas com trabalho em favor dos mais necessitados.

O arrependimento é válido, a partir do momento em

que o utilizamos para nossa melhoria moral. Não adianta nos arrependermos e ficarmos lamentando pelo erro cometido. Agindo assim, ficaremos estacionados, retardando ainda mais a nossa caminhada rumo a mundos superiores. Logo após a crucificação, o Mestre apareceu para seus apóstolos e discípulos, desejando lembrar a todos que a morte não existe! Ele não se sentiu ofendido com você!

Irmão, oremos juntos a prece que Jesus nos ensinou".

Toda a equipe agora rezava em voz alta. Assim que iniciamos, Longinus foi despertando e sentindo a nossa presença. Seus olhos foram se abrindo, e, lentamente, começou a escutar a prece. Bartimeu, tomado de um sentimento de profundo amor, abraçou-o fortemente.

Enquanto isso, todo o restante da equipe envolvia nosso irmão em muita luz, para aliviar suas dores. E Bartimeu continuou: - Irmão, vamos sair daqui, vamos trabalhar em favor da Boa Nova. Tenha fé e confiança, você não está e nunca esteve sozinho. Todos nós assumimos um grande compromisso com o Cristo, que é o de levar alegria aonde há tristeza, saúde aonde há doença, paz aonde há desarmonia. Venha conosco, você será um exemplo, pois saberão que, um dia, esteve com Ele, e que, por falta de conhecimento das leis divinas, cometeu aquele ato contra a Sua vida. Nós o levaremos para um lugar onde será acolhido com todo o respeito.

Tínhamos confiança e certeza de que aquelas palavras tocariam o coração de nosso irmão. A vibração era intensa e, em determinado momento, ficamos em absoluto silêncio. Uma grande emoção tomou conta de todos, quando Longinus começou a falar: - Eu não mereço. Preciso sofrer, porque o que fiz não tem perdão! Deus não me perdoará! Eu matei um santo, e isso não tem perdão!

Aquelas palavras foram pronunciadas sob a mais profunda tristeza. Ele chorava convulsivamente. Longinus estava ali, demonstrando o seu verdadeiro arrependimento.

Prontamente, nosso instrutor interferiu dizendo: - Longinus, o melhor a fazer, agora, é aceitar nossa ajuda. Precisamos sair daqui logo. Peço que rogue a Jesus força e coragem. Não vacile em seus pensamentos!

Bartimeu elevou o pensamento a Deus e fez uma rogativa: "Neste momento, pedimos ao nosso Mestre Jesus que derrame sua luz em nossos corações, que nos leve como se fôssemos uma ave ligeira, atravessando os céus de anil. Oh! Mestre, leve-nos consigo e seja nosso abrigo seguro. Leve-nos, Senhor, para um lugar onde haja paz e esperança. Oh! Mestre, seja o farol da nossa vida, ilumine-nos, agora, fortaleça nossas almas. E que possamos sair daqui e levar conosco nosso irmão, libertando-o desta prisão e das amarras do arrependimento exacerbado".

Aquele ambiente, que era de grande tristeza, começou a se encher de luz a cada palavra proferida pelo irmão.

Assim que ele terminou, materializamo-nos já no lado de fora daquela cidade.

Estávamos nas dimensões da crosta terrestre. Naquele lugar havia muitos espíritos sofredores, que choravam e gritavam desesperadamente. Precisávamos ser rápidos, assim nos disse Bartimeu. Longinus poderia ter uma recaída ao ouvir aqueles gritos, pois ainda estava vulnerável, exatamente por trazer registrados em seu perispírito os sofrimentos pelos quais passou, e também porque, assim que seu carrasco percebesse sua falta, sairiam à sua procura.

Rapidamente, Bartimeu plasmou uma padiola, na qual Longinus foi acomodado, para facilitar seu deslocamento. Os espíritos sofredores, ao perceberem a nossa presença, imploravam por socorro. Durante todo o trajeto, Bartimeu pedia a Longinus que se mantivesse em oração.

A região era escura, e a energia negativa era intensa. Em alguns pontos daquele lugar, observamos que havia alguns espíritos que irradiavam uma forte luminosidade. Caridosamente, tentavam resgatar seus familiares. Mas aqueles sofredores nem sequer percebiam a presença deles, isso porque, ao nos desesperarmos fixamos nossa mente somente naquilo que nos causou a perturbação. O mesmo acontece conosco, quando estamos encarnados. Na maioria das vezes, ao passarmos por grandes tribulações, nossos amigos espirituais e até mesmo os encarnados buscam de todas as maneiras nos auxiliar, ficando próximos a nós, entretanto, naquele momento, não conseguimos ouvir os seus conselhos, pois permanecemos totalmente envolvidos em nossos problemas.

Assim que concluímos a travessia da crosta terrestre, entramos em uma dimensão espiritual, cujas energias eram de tranquilidade. E assim, em meio a tantos desatinos, tínhamos junto de nós uma vida, que também fora resgatada das amarras, muitas vezes cruéis, do arrependimento.

Ao final daquela visão, Davi sorriu e disse: - Ismael, nosso irmão Longinus conseguiu caminhar em sua evolução, hoje trabalha à frente das obras de Jesus.

Hércules, que até aquele momento não conhecia os fatos acontecidos naquele resgate, ao ver aquelas imagens disse: - Jesus, o nosso grande Mestre, nunca se esquece do sofredor. Quando disse que os sãos não precisam de médico, e sim, os doentes, sabia que diante do progresso espiritual, cada um tem a sua enfermidade, que precisa ser extirpada da alma. A melhor forma de nos libertarmos da ignorância é por meio do conhecimento de seus ensinamentos e do trabalho edificante em favor de quem sofre.

Aquela cidade tinha o mesmo aspecto aterrorrizante de séculos atrás. O batalhão de subalternos continuava a prestar continência àquele ser de aparência monstruosa.

Então, indaguei:

— Davi, esses espíritos permanecem estacionados, pois tudo continua do mesmo jeito, de quando estivemos aqui para resgatar o irmão Longinus!

— Esses espíritos permanecem envolvidos em pesadas energias deletérias. Mas eles não estão esquecidos, e por mais que os emissários de Jesus venham até aqui para ajudá-los na libertação, recusam-na. Não podem forçá-los, até que chegue o momento determinado por Deus.

— Mas, não é tempo de libertar esses espíritos que são torturados, e auxiliar seus torturadores para que reflitam sobre seus atos infames?

— Ismael, como lhe disse, tudo tem o seu tempo. Nosso objetivo aqui não é somente fazer o mapeamento destes lugares, mas também, analisar a situação de todos os envolvidos nesses dramas.

— Esses irmãos serão levados para mundos inferiores?

— Nossos irmãos, que foram aprisionados, terão uma encarnação dentro de uma normalidade, cada um segundo as suas necessidades. Aqueles, que praticam atrocidades contra estes prisioneiros, terão uma encarnação compulsória. A prisão em um corpo físico é uma grandiosa oportunidade para o espírito se redimir.

Seus familiares já se encontram encarnados naquele plano, esperando o momento para recebê-los como filhos. São espíritos que atingiram certo grau evolutivo e que se dispuseram a ajudá-los.

— Nas condições em que se encontram, isso será possível?

— Lembre-se de que para Deus tudo é possível. Não existe nada ou ninguém nesse mundo que não esteja sujeito a mudança. O Universo não para. Tudo está em permanente transformação. Mesmo no erro eles estão aprendendo, isto porque, no amanhã, quando despertarem para a vida, desejarão refazer o mesmo caminho para o bem.

Perante a eternidade é como se esses irmãos estivessem no erro, somente há um minuto. Nas mesmas condições em que eles se encontram num minuto fazendo o mal, também terão a oportunidade de fazer o contrário.

— Com a retirada desses espíritos, essas cidades ficarão abandonadas ou serão destruídas? - Perguntei:

— Com a saída deles, elas não terão mais vida, porque sobrevivem somente pelos seus pensamentos.

— Nessa oportunidade reencarnatória, eles expressarão todo o seu conhecimento? - Perguntou outro companheiro nosso.

Hércules nos fala:

— Serão reencarnações bastante difíceis, pois nascerão em corpos muito delicados. Necessitarão de cuidados especiais, serão totalmente dependentes de ajuda da caridade alheia. Isso irá beneficiar no abrandamento dos seus corações. O sofrimento será uma purificação de toda a maldade, que alimentaram durante esse tempo.

A Terra é como uma mãe boa e caridosa, que recebe todos os seus filhos em seu seio. Na caminhada do progresso humano, tudo que acontece está sob os desígnios de Deus. Dentro da evolução, o homem se perdeu diante dos ensinamentos de Jesus Cristo. Usando de seu livre-arbítrio, passou a fazer tudo ao contrário do que Ele ensinou, mas a Terra, ao adentrar na fase de regeneração, terá as leis de Deus respeitadas.

CAPÍTULO 20

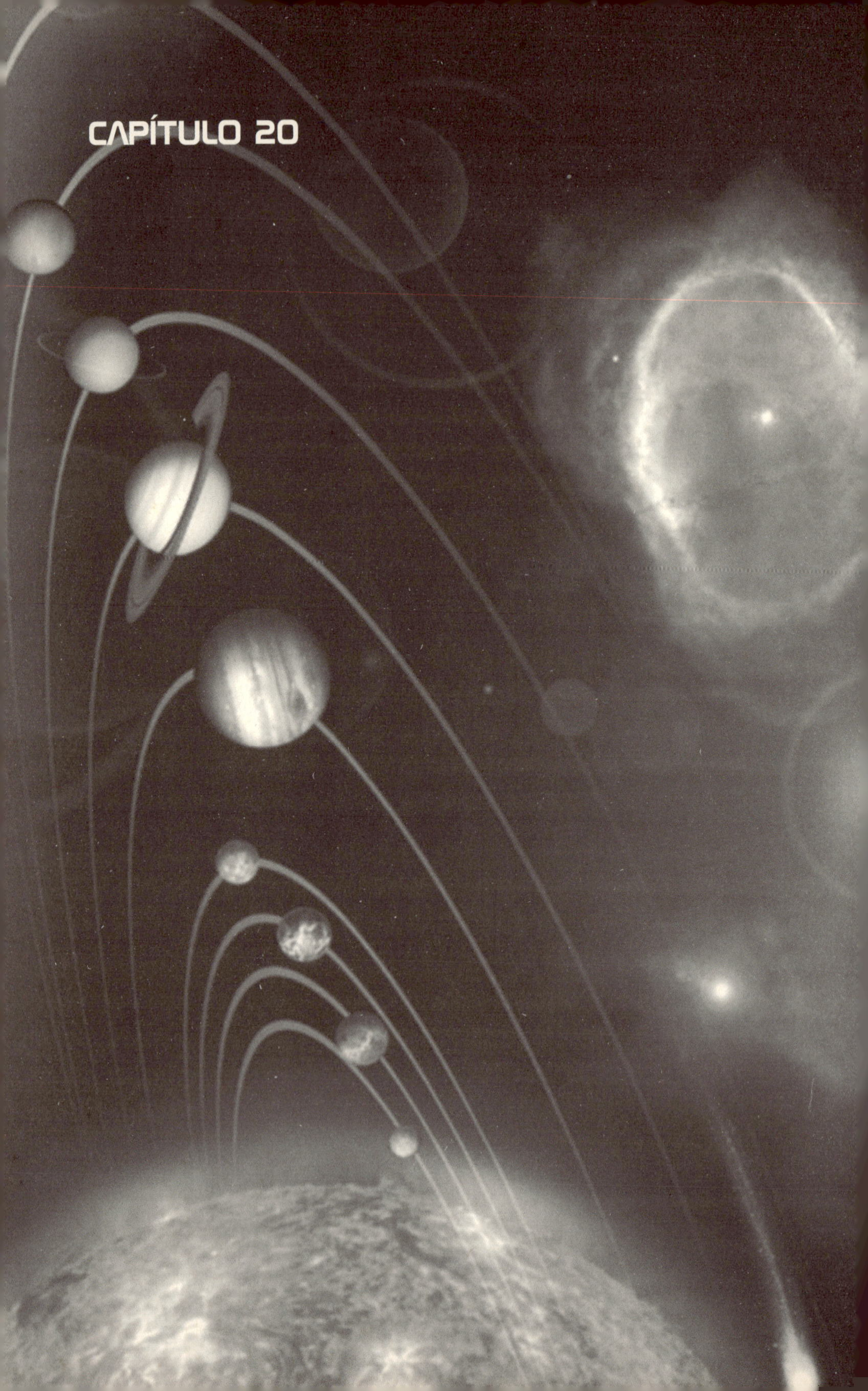

CLASSIFICAÇÃO DOS MUNDOS

Conhecedor de minha real necessidade de aprendizado, em um encontro com nossa companheira Marina, solicitei a ela que falasse um pouco sobre a classificação dos mundos. Vejamos o que ela falou: - Ismael, a classificação dos mundos é feita sobre esses dois pilares: a moral e o intelectual. Pode acontecer que um planeta não esteja tão evoluído intelectualmente, mas moralmente está à frente, ou vice e versa!

— Poderá ocorrer de um mundo se regenerar somente fazendo a sua evolução sobre um desses pilares? - Perguntei:

— Isso jamais acontecerá. Há uma grande distância, em nível de evolução, entre um mundo que moralmente está evoluído, daquele que somente conseguiu ascender intelectualmente.

A distância evolutiva entre um espírito que habita um mundo ditoso e outro que se encontra no plano terrestre é a mesma existente entre o homem da atualidade e seus antepassados das cavernas.

A perfeição que esses corpos atingem nesses mundos é uma forma completa, e é bem diferente da visão que o encarnado na Terra tem, em relação ao sublime. A vida nesses mundos não tem mais esses obstáculos, não existe doença física ou perispiritual. Neles os espíritos só pensam em acontecimentos superiores.

Muitas vezes nos falta compreensão para entender o que é a vida nesses mundos felizes. A sutileza dos corpos torna a volitação uma situação rotineira, possibilitando aos espíritos percorrerem longas distâncias sem nenhum obstáculo. Como os corpos são mais leves, o espírito se torna rarefeito em plenitude de total liberdade.

Sua liberdade é plena para expressar a sua vontade. Quando seu espírito retorna ao corpo, após uma noite de descanso, ele tem lembrança de tudo o que lhe ocorreu. A intuição é mais aguçada. Existe uma grande facilidade de comunicação entre os espíritos e os encarnados desses mundos.

Para nós, que não compreendemos essas situações, se pudéssemos viajar até lá, ao vê-los, poderíamos dizer que são anjos. Quando há necessidade de se mostrar no plano físico, eles aparecem com traços de sua vida passada.

Observando os habitantes da Terra, nas condições de espíritos encarnados, percebe-se que carregam visíveis marcas na fisionomia dos pesados fardos, do cansaço de tantas enfermidades e sofrimentos causados pelas imperfeições morais, que ainda carregam em seus corações. Entre os encarnados na Terra e esses espíritos, há grandes diferenças. Mostram a alegria e a pureza nos seus sentimentos; a bondade e o amor refletem em sua imagem.

A vida física para os moradores terrestres é cheia de dificuldades e angústias, ninguém sabe como será o dia de amanhã, o que vai lhe acontecer, pois todos são vulneráveis às enfermidades e às provações. Ninguém vive ali sem passar pela dor e sofrimento. As decepções estão afloradas em todos os seres. As tristezas são constantes diante de nossas incompreensões. O coração é o órgão da vida, mas que carrega grandes sofrimentos. As lágrimas são derramadas pelos desajustes de si mesmas e de seus entes queridos. A incompreensão faz parte dos seres humanos, pois, eles vivem o contraste entre a realidade e a vida que gostariam de ter.

Enquanto os habitantes da Terra não sabem compreender e aceitar a morte de um ente querido, momento em que as pessoas entram em desespero, acreditando que está tudo acabado, nos mundos felizes, essa passagem é uma situação natural. Durante a vida, o contato com a realidade e a sabedoria das leis que regem esses mundos ditosos são mais claros. Nesses, a liberdade de pensamento é mais sublimada, não tem interferência quando estão utilizando um corpo, porque não existem obsessores, nem inimizades. Todos os fatos acontecem naturalmente para eles. Têm plena consciência de que a morte é um fenômeno natural, e que terão novas oportunidades de reencontrarem-se. Na convivência entre os povos, não há desigualdades sociais, não existem reis e nem escravos. As guerras já foram superadas, e o planeta é regimentado por um só governo. O objetivo da luta para a sobrevivência é em prol de todos. O homem não tem aquela preocupação de se elevar acima do seu semelhante. Não existem privilegiados de nascimento, porque todos nascem recebendo as mesmas oportunidades. Aquele que tem mais conhecimento ajuda o que necessita de amparo. A autoridade é adquirida através das próprias conquistas de elevação espiritual. Respeitam todos como seus iguais. A autoridade é de acordo com a pureza espiritual; aquele que mais ama, mais moral tem. O objetivo desses espíritos, que habitam esses mundos, é atingir a classe de espíritos puros. Todos os sentimentos são acrescidos e edificados no respeito ao próximo. O ódio, a mesquinharia, os pensamentos negativos são desconhecidos. Somente o amor e o bem permanecem no comando e na disciplina do planeta.

Nos mundos ditosos, os bens materiais são adquiridos pelo trabalho e pelo esforço individual de cada um, contudo, não são apegados a esses bens. O espírito encarnado nesses mundos é valorizado como o filho eterno do Criador, que está ali para continuar a sua evolução.

Seus habitantes têm a consciência tranquila, e vivem em plenitude com a paz eterna. O amor está acima de tudo e é o unificador geral desses Orbes. A fraternidade sempre é exercida por todos. Só desejam o necessário para a sobrevivência, e o excedente que adquirem, colocam sempre em benefício de todos.

Esse viver em plena alegria foi a conquista, após muitos esforços. Eles não são filhos eleitos pelo Pai. A meta principal deles é seguir o caminho da plenitude, vivendo em perfeita sintonia com Jesus.

Deus sempre nos dá oportunidades de crescer; não criou um filho melhor do que o outro; todos foram criados simples e ignorantes. Ele nos deu o livre-arbítrio, que é o nosso direito de escolha. Viver em um mundo feliz é o objetivo que todos, um dia, conquistarão pelo esforço próprio.

Os habitantes do plano terráqueo ainda necessitam do mal, para compreender o bem; da escuridão da noite para compreender a luz; da doença, para valorizar a saúde.

Ainda me sentia embevecido, ao ouvir tão profundos ensinamentos, quando se aproximaram nossos companheiros de longa data, nossa irmã Doralina e Davi. Emocionados com a presença deles após abraços calorosos, expressei a eles a alegria em poder revê-los.

Davi, sempre gentil e humilde, falou: - É sempre uma alegria poder reencontrar os amigos. Cumpríamos uma missão em outras paragens, e estamos aqui mais uma vez, para cooperar com o Cristo na Redenção da Terra. Lembremos, meus queridos, a Parábola da Candeia, na qual o Evangelista Lucas 8:16-17 narra: "Ninguém, depois de acender uma candeia a cobre com um vaso ou a põe debaixo de uma cama; pelo contrário, coloca-a sobre um velador, a fim de que os que entrem, vejam a luz."

Somos solidários aos irmãos que ainda vivem nas trevas da ignorância, mas sabemos que, dentro do plano de provas e expiações, o sofrimento é a mola mestra para nos tirar da ignorância, e ele nos impulsiona para a realidade, à qual fomos criados. Sabemos que a dor é necessária, mas o sofrimento é opcional. Tracemos aqui um paralelo dos caminhos que podemos seguir: - Observemos bem como é triste a vida de uma pessoa, quando ela vive extremamente nervosa, com o coração sempre dominado pelo ódio e o rancor. Ela não consegue perdoar aquele que a magoou. Está sempre de mau humor, quase nunca sorri, não sabe se socializar, e prefere viver em sua extrema solidão. As energias ou a sua aura estão sempre densas e enegrecidas, enquanto numa pessoa feliz, a diferença é notória; esta não se sente magoada com a ofensa recebida, o coração está sempre aberto ao perdão. Essa é uma pessoa caridosa, paciente e humilde. Seu sorriso é verdadeiro, porque vem do coração. Se alguém lhe pergunta como se sente, por mais que a situação esteja difícil, ela responde que está tudo bem. Não reclama da chuva e nem do sol, porque aceita e respeita sempre as leis da natureza.

A humanidade sofre pela falta de entendimento e de humildade, mas se formos dimensionar a extensão do planeta, podemos afirmar que, apesar de existirem conflitos no mundo, essas manifestações, que vemos, são casos isolados. Com um pouco mais de esforço das partes e de diplomacia, tudo pode ser resolvido.

Meus queridos, em nossos trabalhos na Terra, observamos que, nos últimos cinquenta anos, a Terra passou por uma grande transformação. Os homens estão mais solidários entre si e entre os povos. Existem instituições sérias que trabalham no combate à pobreza, e elas estão se espalhando por todo o Orbe.

Todos esses importantes acontecimentos são a preparação para o mundo regenerado. Lembremos as palavras do Cristo, quando disse: "Haverá um só rebanho e um só pastor". Um só pastor e um só rebanho significam uma convivência harmoniosa dos seres humanos entre suas raças e descendências.

Com a globalização e as facilidades que temos no acesso às novas tecnologias, podemos dizer que os encarnados, no plano terrestre, têm o mundo em suas mãos. Assim, qualquer fato que ocorrer, em qualquer parte do planeta, em questão de segundos, será mostrado em qualquer lugar tecnologicamente avançado, que, por sua vez, espalhará para os menos esclarecidos através da leitura oral de outros.

Com todos esses avanços, podemos afirmar que, se tivermos força, coragem, determinação e fé em Deus, em uma só encarnação poderemos dar um salto em nossa evolução, mas isso é um processo individual. Por exemplo: um indivíduo que praticou todos os tipos de perversidades durante cinquenta anos, para resgatar seu débito com a sociedade, vai para a prisão. Se tiver o firme desejo de mudar de vida, num período de cinco a seis anos, poderá sair de lá regenerado. Assim também se dá com as nossas encarnações.

Para uns, a vida se torna difícil pelo fato de não aceitarem a situação em que estão vivendo. Deus dá sempre oportunidades para seus filhos, e quer que todos voltem novamente para seus braços, de onde, um dia, saíram.

CAPÍTULO 21

ENCONTRO FRATERNO

No início do século XXI, depois de ter vivenciado outras experiências, deram-me a oportunidade de voltar à Colônia Casa de Misericórdia. O reencontro com Marina e Davi foi caloroso. Querendo saber detalhes sobre os trabalhos que eram realizados na Colônia, indaguei de Davi:

– Já se passaram cem anos, desde que os últimos espíritos magnetizados foram levados a reencarnar no plano terrestre. E hoje, qual é o papel desta Colônia no auxílio ao progresso da humanidade?

– Nesta nova etapa, a Colônia exerce duas funções; de uma escola de nível técnico e Universidade. Acolhemos os jovens vitimados pelos maus tratos da sociedade, principalmente aqueles que não tiveram acesso aos recursos tecnológicos. Aqui, eles utilizam das tecnologias disponíveis, da mais simples às mais sofisticadas. Estes espíritos são dotados de grande potencial de inteligência, e, nesta oportunidade, eles desenvolvem novas técnicas, que, no futuro, estarão disponíveis para serem usadas, no plano terrestre, por aqueles que reencarnarão daqui a vinte anos.

Além de receberem orientações científicas e tecnológicas, a pedagogia do amor e da moral é o nosso principal objetivo. Estão se preparando para voltarem ao Orbe e colaborarem no desenvolvimento dele. Na Universidade estão milhares de espíritos estagiando para, também, em momento oportuno, ali reencarnar.

– E o que você poderia nos falar sobre a violência que continua acontecendo no plano terrestre?

– Infelizmente, a violência continua a fazer parte do cotidiano das pessoas. Poderíamos falar sobre fatos relevantes que afligem as almas humanas, mas falaremos sobre aqueles mais simples, que poderiam ser evitados com o simples ato de calar. É claro que o diálogo é sempre necessário, mas deve se estabelecer sobre as bases da legítima fraternidade. Não podemos também nos esquecer de que mesmo os espíritos mais rebeldes trazem no imo da alma a centelha divina, a presença do Criador, que os convida permanentemente ao progresso.

Podemos fazer uma analogia entre os seres primitivos e uma criança que cresce com toda sua inocência. À medida que evoluímos, se torna difícil lembrarmo-nos do tempo de nossa infância espiritual. É a mesma dificuldade que tem um ancião de se recordar do tempo em que era um embrião.

– Uma pessoa poderá ser feliz mesmo encarnada no plano terrestre?

– É impossível ser feliz em um mundo de provação, carregando conflitos interiores. Quando digo carregando, é porque, as mazelas são como um peso sobre nossos ombros, e é preciso nos desvencilharmos delas, para caminharmos livremente. Somente seremos felizes, a partir do momento em que nos libertarmos do passado de crimes, e nos sentirmos quites com as leis divinas.

É essa liberdade que nos traz a felicidade plena. Não é Deus que nos impõe a cobrança em quitação com as suas leis, nós mesmos é que pedimos, e só teremos a consciência tranquila, quando pagarmos até o "último centavo."

Imaginemos que fizéssemos um empréstimo em uma instituição financeira, e não quitássemos o débito na data específica, começaríamos a receber cartinhas de cobrança, mostrando os juros, e indicando que a dívida está aumentando a cada dia. Não ficaríamos ansiosos para quitá-la, e nos vermos livres dela? Assim também é a nossa consciência, quando se desperta para as leis de Deus.

CAPÍTULO 22

A FELICIDADE, COMO ENCONTRÁ-LA?

Neste momento, veio a lembrança daquele casal que se materializou na Colônia. Curioso, indaguei à Marina:

– Irmã, você tem notícias de todos aqueles espíritos que estiveram, por dois mil anos, aqui na Colônia?

Após reflexão, ela ponderou:

– Pelo relatório das equipes responsáveis pelas reencarnações deles, pequena porcentagem deles conseguiu superar suas mazelas, e reingressar no caminho do bem. Parte deles se encontra encarnada na Terra. Eles têm se esforçado, trabalham em prol do próprio aprimoramento moral e no desenvolvimento científico do planeta.

Mas sempre existem aqueles que se deixam levar pelas regalias que o Orbe lhes oferece. Tinham tudo para evoluir, contudo, o sentimento de poder, a vaidade e o egoísmo lhes subiram à cabeça, e mais uma vez, perderam a oportunidade reencarnatória. A maioria desses espíritos foi levada para mundos inferiores. Eles foram líderes e incentivadores de guerras, inclusive da Primeira e da Segunda Guerras Mundiais. Entre esses estão os políticos tiranos, que escravizaram a própria nação, e para se manterem no poder, usaram da força, foram cruéis e sem piedade. Não tinham escrúpulos e, por isso, não se importavam de serem denominados assassinos.

Todas as leis criadas pelo homem, que não dão ao indivíduo o direito de expressar o livre-arbítrio, estão contra as leis de Deus. Poderíamos citar aqui, por exemplo, países que adotam a lei de pena de morte, o aborto como um ato legal, e aqueles que não dão direito à sua população de escolher os seus próprios dirigentes. Entretanto, não o faremos, pois já são conhecidos de todos e, em nada, isso nos acrescentaria.

A transição de um mundo não é feita de um dia para o outro. Há uma imensa população de espíritos, em torno de vinte e quatro bilhões, vivendo nas dimensões espirituais vinculadas à Terra. Somente, pois, uma pequena parcela dos espíritos terráqueos se encontra na vida física.

Os espíritos, que habitam as dimensões mais elevadas no mundo espiritual, continuarão a reencarnar como missionários para impulsionarem o progresso moral.

Nessa bendita escola, o aluno deve fazer de tudo para não ser reprovado, e se for, Deus dará a ele nova oportunidade de se matricular em outras de suas moradas. Uma grande maioria pensa que, na transição do planeta, todos os espíritos serão deportados para um só mundo: um mundo primitivo!

Voltei a questionar:

– Marina, todas as especulações em torno desse assunto têm algum fundo de verdade? Todos irão para um só mundo ou haverá outras opções?

– Este mundo, que é citado e discutido pelos espíritas, é um dos planetas primitivos, que abriram as suas portas para o planeta Terra. Como você tem conhecimento, os mundos são solidários.

Na verdade, nem todos irão para este mundo. Aqueles, que estão um pouco mais evoluídos, serão levados para outros lugares, conforme a sua sintonia vibracional. Com certeza, muitos irão para mundos que se encontram em condição evolutiva melhor do que este. Não adquiriram as condições para permanecerem na Terra, mas também, não são tão atrasados para irem para um orbe tão inferior quanto esse mundo que se encontra no começo de sua evolução.

Somente aqueles espíritos criminosos, que causaram as más ações ou ainda as provocam, e não apresentam nenhuma tendência para o bem, é que serão sugados para esse mundo.

Infelizmente, esses espíritos que estão vivendo na selvageria, são completamente materialistas. Eles não pensam duas vezes ao tirarem a vida do seu semelhante. Para eles, nada é melhor para o seu desenvolvimento moral, do que passar pelas grandes dificuldades, vivendo sem nenhum conforto, pois esses são os meios que favorecem o despertar. Desse modo, não terão tempo para planejarem e cometerem atrocidades.

Até hoje, na Terra, encontramos homens que têm a mente retrógrada e estão vivendo no mesmo nível de evolução da época de Moisés. Ainda pregam a lei do Talião: olho por olho, dente por dente. Esses estão com passaporte pronto para irem para esses lugares. Não recebemos aqui, diariamente, espíritos vindos de outros mundos?

A reencarnação é uma bênção que Deus nos dá, para nos redimirmos de nossos débitos do passado e impulsionarmos a nossa evolução em busca do progresso. Se não houvesse a reencarnação, como faríamos para adquirir novos conhecimentos? Como poderíamos acreditar que Deus é justo, pelo fato de existirem tantas desigualdades no mundo? Quantos nascem em um corpo, privados de liberdade? Outros sofrem uma grande decepção moral, causada pelo atrito da própria vida que leva? Por que nascem tantas crianças com deficiência física e mental? E aqueles que lutam bravamente para terem uma vida digna para si e seus familiares, mas só encontram decepções, seja no campo amoroso ou profissional? Será que Deus tem preferência por alguns filhos?

Deus é um Pai de amor e bondade que dá a todos a oportunidade de serem felizes. Quando passamos por essas provações dolorosas, podemos ter certeza de que essa escolha não foi determinada por Deus. Esse destino foi escolhido por nós mesmos, e tudo está de acordo com nossas vivências de reencarnações passadas.

Sempre colhemos o que plantamos. O tempo que temos para viver no mundo é um empréstimo de Deus, e somos responsáveis por ele. Todo e qualquer privilégio, na contabilidade divina, significa um mérito, e isso tudo tem uma razão de ser. Na verdade não existem, pois, privilégios, e sim, merecimentos. Não sofremos sem motivo, e ninguém é feliz ou infeliz sem merecer.

Então, voltei a inquirir:

– Marina, sabemos que, no plano terrestre acontecem muitas maldades, e existem espíritos preguiçosos e recalcitrantes no erro... Antes que eu terminasse, ela falou:

– Condições de se redimirem, Deus dá para todos. Aqueles que não conseguem aproveitá-las, veem o tempo se distanciando à sua frente. Eles só demoram mais a chegar ao grande objetivo: a liberdade através do conhecimento moral e intelectual.

Aqueles que estão sempre se esforçando para fazerem a mudança interior, mesmo diante do sofrimento, mantêm-se calmos, e aceitam a situação bravamente. Os que não valorizam a oportunidade que lhes é ofertada, continuam estacionados. Geralmente, o sofrimento surge em seus caminhos, até que aprendam a viver.

Entendemos que, para aqueles que estão iniciando seu aprendizado, isso seja uma descoberta agradável. Já para aqueles que estão mais evoluídos, nas condições de espíritos civilizados, já conscientes do livre-arbítrio, a repetição de reencarnações, vivenciando as mesmas situações, se transforma em um grande martírio. Podemos aqui fazer uma comparação: um estudante, que foi preguiçoso e displicente durante todo o ano letivo, ao chegar no final, não é aprovado e tem de repetir a série que estava cursando. Ter que fazer as mesmas lições, torna-se uma tortura. Mas o que ele não entende é que isso lhe servirá de experiência. No entanto, aquele que foi dedicado, no final do ano, será aprovado. Assim, acontece conosco; poderemos acelerar a evolução ou adiar o nosso ingresso em um mundo mais evoluído.

Ouvimos no dia a dia muitas reclamações. É bastante comum escutarmos as pessoas dizendo: "Não sei por que nasci, pois sofro tanto!", "Deus se esqueceu de mim!", "A vida para mim não tem mais sentido!", "Não consigo me relacionar com ninguém, nem com a minha própria família!" Na maioria dos casos, essas pessoas são bem-sucedidas na vida material, e nunca passaram por dificuldades financeiras. Mas trazem na alma uma tristeza imensa. A vida delas se resume em um volumoso problema, e tudo o que têm não lhes traz felicidade. Se perguntássemos a uma dessas pessoas se já agradeceu a Deus pelos bens que Ele lhe emprestou, ao invés de ficar reclamando, ou mesmo, se fez uma reflexão íntima, para encontrar dentro de si esta centelha divina, que Deus colocou em todos os seus filhos, esperando que, um dia, ela venha a germinar! Com certeza, sua resposta seria não! É uma pena, mas elas passam pela vida somente na lamentação, e vivem constantemente em conflito íntimo.

Geralmente aquele, que vive só reclamando, quer que o mundo gire em torno dele. Todos os lugares a que chega, quer ser sempre o foco das atenções. Pensando e agindo assim, será difícil ser feliz. Dessa forma, o mundo não lhe proporciona a real felicidade, pois ela é uma conquista de cada um. A maioria acha que, para ser feliz, é preciso ter um bom emprego, ganhar ótimos salários ou encontrar uma companhia perfeita, bem sucedida na vida financeira. A felicidade é o contrário de tudo isso. Aceitar a vida como ela é, e procurando melhorar-se, sempre. Compreendendo as pessoas como elas são, respeitando seus limites e suas dificuldades. Procurar viver no mundo com equilíbrio, aproveitando as oportunidades, com calma e paciência.

Queremos dizer que a felicidade não depende do companheiro que você tem, dos filhos, do emprego, mas sim, da forma como você vê a vida. Deve procurar ser uma pessoa equilibrada e serena, e não se preocupar com o dia de amanhã, mas viver o hoje, tranquilamente, agradecendo sempre as oportunidades com que a vida lhe presenteou. Não viver em total desatino, almejando conseguir o que está fora de sua capacidade financeira. Não desejar aquilo que não lhe pertença, mas valorizar o que tem. Não viveremos a felicidade plena, se nos colocarmos na dependência do outro. Ouço as pessoas dizendo:

– Se eu tivesse a vida que fulano tem, seria tão feliz! Olhe que família maravilhosa! Olhe que emprego bom que ele tem! Que filhos educados! Ah, meu Deus, se eu tivesse aquela casa!

Mas tudo isso, meu irmão, é dele, não é seu. Os seus são os que você mesmo escolheu. Deus colocou-os em suas mãos para você cuidar deles. É com seus filhos e com sua família que você tem que se preocupar. Mas entenda que não é a família ou emprego que lhe proporcionarão a verdadeira felicidade. Isso o ajuda, mas a felicidade completa depende de você mesmo. Da aquisição de valores morais.

Um dia, tive a oportunidade de acompanhar uma equipe que visitava um leprosário, e pude escutar uma conversa de um dos moradores que se encontrava ali, em terrível estado de decomposição. A lepra já lhe havia consumido os olhos, as narinas, os pés e as mãos. Esse irmão se chamava Henrique. Quando alguém lhe perguntou: - Henrique, meu amigo, está tudo bem com você? Prestem atenção na resposta do nosso companheiro: - Comigo tudo bem. A única coisa que está me incomodando é uma gripezinha, mas tenho certeza de que ela vai passar.

Todos ficaram impressionados, pois Henrique estava preocupado com uma simples gripe, seu estado de enfermidade não o deixava infeliz. A nossa maior infelicidade é quando não aceitamos a vida da forma que nós mesmos a escolhemos.

CAPÍTULO 23

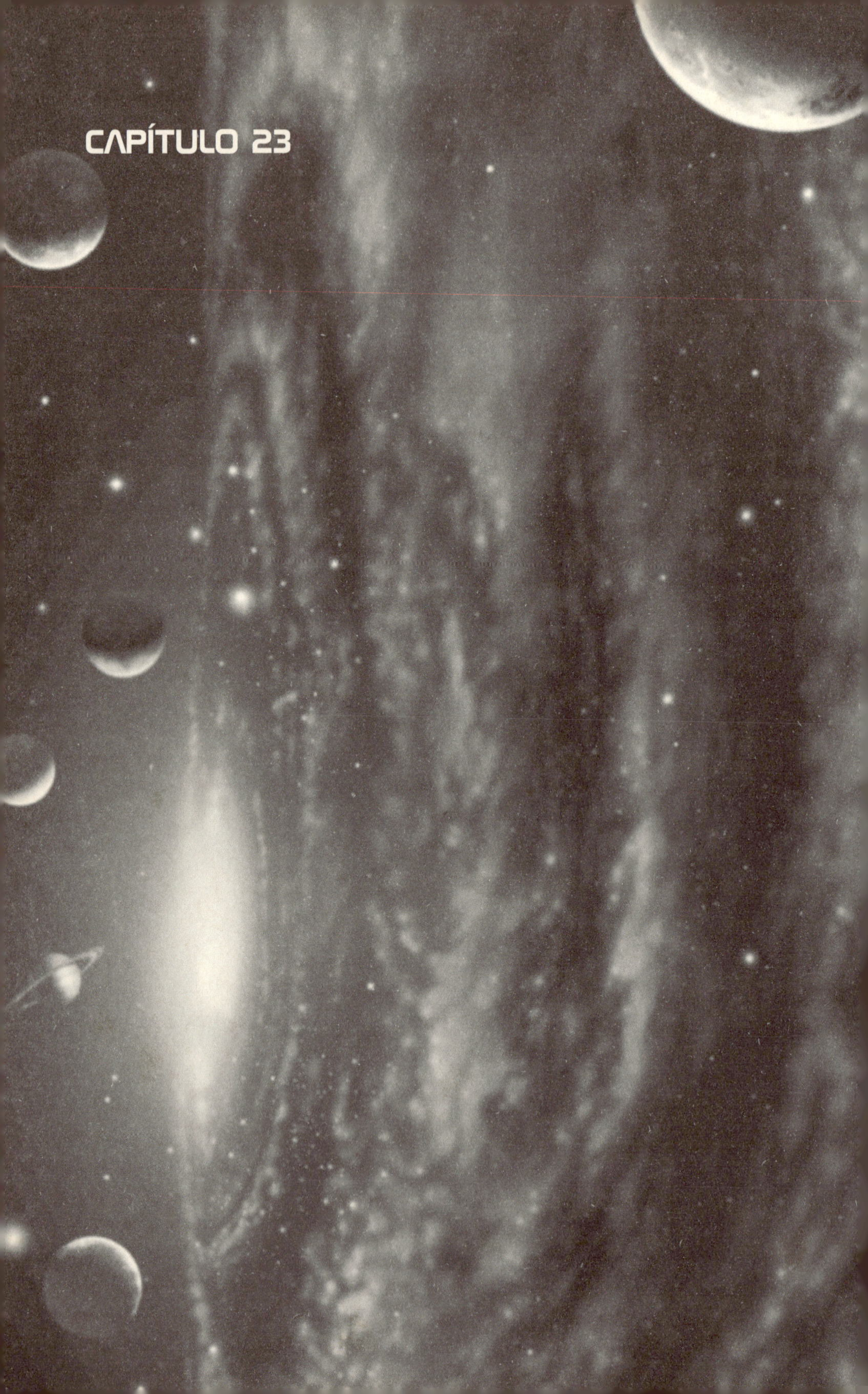

ESTRELA DE LUZ, UM MUNDO DITOSO

Enquanto refletíamos sobre a lição de vida contada por Marina, na história daquele leproso, e sobre a necessidade de também aprendermos a valorizar as pequeninas coisas em nossa vida, vinha ao nosso encontro a minha querida esposa.

Marina, ao vê-la aproximando-se, disse:

– Ismael, em nossa conversa sobre os mundos ditosos, creio que ainda tenham ficado dúvidas em relação a eles, e nossa irmã Doralina é a mais indicada para esclarecê-las, pois, como você bem sabe, ela, há muito, reside no Mundo Estrela de Luz, e aquele é um mundo ditoso.

Doralina sorriu, após cumprimentos, e demonstrando grande humildade, disse:

– Ismael, não sei se terei as palavras certas para falar desses mundos, mas tentarei enumerar alguns pontos relevantes de uma forma que possa sanar as dúvidas existentes.

Faremos aqui uma comparação entre a Terra e o mundo ditoso: observemos um homem de setenta anos, encarnado na Terra, e que conseguiu, com esforço e dedicação, vários títulos acadêmicos. Seria um bom exemplo de um cientista, que dedicou o seu tempo nas descobertas em benefício da humanidade. Em comparação aos habitantes do mundo ditoso, o conhecimento dele é equiparável ao de uma criança que está no seu primeiro ano de escolaridade.

Nos mundos ditosos, não há divisão de países, mas somente um governador-geral, e todos aceitam suas ordens e comando. Para habitar esses mundos, o espírito não pode ser somente regenerado, mas sim, espírito perfeito, que passou por todos os conhecimentos evolutivos que o mundo de regeneração poderia lhe oferecer.

Enfim, ele é merecedor de habitar um desses lugares. Ali não há concorrentes, cada um tem o necessário para sua sobrevivência. Os encarnados não vivem na ociosidade. A comunicação entre os habitantes é feita por telepatia. A vida física está em perfeita sintonia com o plano espiritual e, desse modo, os encarnados são receptivos às intuições do mundo espiritual. Uma criança, com a idade de dez anos, executa tarefas na obra do Criador. Todos trabalham em harmonia com as leis de Deus, que regem aquele mundo e a todo o Universo.

Ismael, o amor é a grande força criadora. Não podemos esquecer que foi pelo amor de Deus que fomos criados.

Para se ter uma noção do que estamos falando, o mundo Estrela de Luz está distante da Terra, em grau de evolução, trinta mil e duzentos anos!

Imagine como a Terra estará daqui a trinta mil e duzentos anos, considerando-se a velocidade com que o progresso tem avançado nos últimos tempos! Agora, abreviemos esse tempo para apenas daqui a cem anos! Observando o desenvolvimento tecnológico dela nesses últimos anos, foi, comparativamente, muito maior do que o ocorrido em toda a história de sua existência, desde o surgimento do homem no Orbe.

Portanto, torna-se difícil explicar os avanços naquele mundo, em termos morais, intelectuais e científicos.

Estando encarnado na Terra, a sua evolução fica além da nossa imaginação. Os habitantes desses mundos evoluídos são verdadeiros missionários de Jesus.

– Doralina, qual é o papel dos espíritos que habitam esses mundos? Indaguei.

– Meu querido, eles têm a missão de cooperar no processo de transição dos planetas, seja ele primitivo, provas e expiações ou regeneração. Como você sabe, na Terra está encarnada uma falange de espíritos vindos do Estrela de Luz.

Nessas esferas, não existe distinção de raça, eles se sentem como uma grande família. Não há empresa e nem disputas, todos trabalham em benefício de todos. As tecnologias utilizadas nos mundos não evoluídos, como o petróleo e outros recursos energéticos, esses tipos, lá, estão ultrapassados.

A vida cronológica dos habitantes desses lugares ditosos é, em média, de cento e cinquenta a duzentos e cinquenta anos. Desencarnar é um processo natural. Quando se aproxima o tempo de uma desencarnação, o ser envolvido convida familiares e amigos para participarem de uma festa comemorativa. Durante o evento, e depois de abraçar a todos, ele lhes faz o comunicado. Ao término, juntos fazem uma oração.

Aquele, que está partindo, agradece a Deus pela oportunidade e, aos presentes na festa, pelos bons momentos de convivência. Em seguida, dirige-se até seu quarto, e após fechar a porta, acomoda-se no leito. Passados alguns minutos, recebe a visita dos benfeitores espirituais. Eles são os responsáveis que deverão desfazer os laços fluídicos que prendem o espírito ao corpo físico dele. Passando certo período de tempo, o necessário para a desencarnação, os presentes podem abrir a porta, pois nesse tempo o espírito já se desprendeu, e está livre para continuar a sua missão, agora nas dimensões espirituais.

Um homem na Terra, que mede um metro e noventa centímetros e pesa, em média, cem quilos, nesses mundos, pesará somente dez quilos, tendo a mesma altura ou até mais, observando-se que os homens de lá, normalmente, são bem maiores.

Só se alimentam em torno de dez por cento do que o homem terrestre se alimenta, geralmente de frutos. Só consomem o necessário para a sobrevivência da vida física e não pelo prazer, como a maioria dos encarnados na Terra o faz.

Não há disputas políticas. Sintonizados com as leis divinas, cada um respeita a individualidade do outro. Trabalham em favor do bem maior e vivenciam a lei do amor.

A mediunidade intuitiva e inspiradora é bastante aguçada em todos. A comunicação entre os dois planos é uma situação natural. Não existe uma religião, mas sim, um sentimento de religiosidade. Os princípios básicos que se encontram nas leis de Deus são todos respeitados. Não existem prisões, tribunais, hospitais, casas de repouso, asilos ou orfanatos. A família é o bem mais precioso, é valorizada como família universal, e há uma grande amizade entre as crianças, adolescentes, adultos e idosos.

Todos têm consciência de si mesmos e de suas responsabilidades. Carregam, dentro deles, a bagagem espiritual. A velhice não os leva ao desgaste fisico que faz o corpo perder seus valores intelectuais. Guardam em suas consciências todas as suas virtudes. Não precisam de sofrimento, porque lá não há devedores.

Quando seus corpos físicos estão adormecidos, têm liberdade de sair e visitar outros mundos. Do mesmo modo como vêm aqui, nas dimensões espirituais, comunicam-se conosco e com os homens através de reuniões mediúnicas!!! Ajudam quando são chamados, sem precisarem se identificar e dizerem de onde são. Para eles, isso não tem valor, o importante é fazer sempre o bem. Voltam para o corpo, trazendo todas as lembranças, porque, fisicamente, têm mais facilidade de registrar o que foi visto.

Compadecem-se do atraso espiritual dos espíritos que vivem em orbes menos evoluídos, têm compaixão do seu sofrimento, mas respeitam o seu livre-arbítrio. Veem-nos como uma criança que está engatinhando, iniciando-se nos primeiros passos. Mesmo caindo aqui e acolá, sabem que precisamos continuar, para firmar as pernas e assim aprendermos a caminhar pelo esforço próprio.

Eles transcenderam a matéria, veem a vida com a visão espiritual.

A visão que possuem de tempo e espaço é bem diferente dos mundos não evoluídos. Podem percorrer várias dimensões espirituais sem nenhuma dificuldade.

– Como esses espíritos fazem para visitar outros mundos? - Perguntei:

– Ismael, naves não são utilizadas, muito menos algum veículo espacial, como a maioria pensa. Seus espíritos, ao saírem do corpo físico, fazem esses percursos com toda a liberdade conquistada por eles. O meio utilizado no transporte é o resultado de seus próprios pensamentos.

– Existe algum veículo mais rápido que o pensamento?

– Nos mundos evoluídos, o espírito tem a velocidade do próprio pensamento, podendo estar em vários lugares ao mesmo tempo.

Enquanto os encarnados desejam que os espíritos se materializem para que possam vê-los, lá acontece o contrário. Os espíritos que se encontram encarnados querem se desmaterializar, para estar em contato com o mundo espiritual. Vivem a vida espiritual mais que a material, e têm a capacidade de estar entre as duas dimensões ao mesmo tempo.

O homem terreno ainda sonha em construir naves espaciais para visitar outros planetas, enquanto nos mundos felizes, esses veículos não têm nenhuma utilidade.

A visão que possuem de Deus é bem diferente da nossa. É um Deus de amor e de bondade, Criador de tudo, Supremo. Eles são felizes, porque estão sempre trabalhando na criação do Pai. Atuam na evolução de todos os reinos: mineral, vegetal e animal. Por isso, sentem-se responsáveis por esse trabalho junto aos irmãos que estão evoluindo nesses reinos.

Todos têm o mesmo direito. As famílias têm somente uma moradia, e tudo o que precisam está à disposição para suprir as suas necessidades.

Os animais do mundo Estrela de Luz são também bastante evoluídos (considerados como espíritos que estão no processo de transição), podem ser comparados com uma aldeia de índios, do plano terráqueo, em que todos aprendem e se desenvolvem com aqueles que estão a seu lado.

CAPÍTULO 24

A EVOLUÇÃO EM UM MUNDO DITOSO

Mediante explicações esclarecedoras, eu me recordei de que, no século I, da Era Cristã, após desencarnarmos na Terra, e seguirmos para a Colônia Espiritual Casa do Pai, Simeão, um estimado amigo, e eu fomos, em espírito, visitar nossos familiares no mundo Estrela de Luz. Quero aqui relatar esse momento muito importante, pois nosso retorno nos fez ver a necessidade de reformularmos nossas atitudes, para que pudéssemos, um dia, voltar a habitar aquele mundo. Naquele momento, tivemos a certeza de que aquele que não se esforça para alavancar o próprio progresso, é impulsionado a caminhar na dor. Vejamos a nossa visita a este mundo:

Saímos numa trajetória, atravessando galáxias e constelações. De repente, nos vimos dentro de um imenso laboratório. Algumas horas depois de revermos nossos familiares, seguimos para outro departamento do laboratório.

Passamos por alguns corredores e chegamos a um enorme salão. Observei que havia ali vários aparelhos que eu não saberia detalhá-los agora. Assim que entramos, perguntei ao irmão que nos acompanhava se Simeão e eu poderíamos ver algumas imagens do tempo em que vivemos naquele planeta com nossos familiares. Ele, depois de dar permissão, pediu que o acompanhássemos até outra sala. Seguimos por um corredor, caminhamos mais alguns passos e paramos próximo a uma sala ampla e bem iluminada. As luzes iam da tonalidade azul ao violeta. Nas paredes, imensos telões e, no centro, algumas poltronas confortáveis. O ancião, atencioso, disse-nos:

– Ismael, você nos pediu para que pudessem ter acesso a acontecimentos relativos à sua última encarnação neste mundo. Meus irmãos, para que vocês os vejam, basta desejar vê-los, e as imagens aparecerão nas telas aqui instaladas. No mesmo instante, me coloquei em posição mental para ver detalhes de minha vida naquele Orbe. E, em uma daquelas gigantescas telas, apareceram cenas de um belíssimo jardim, e eu me vi ali passeando com a minha família. No ambiente, podíamos ouvir uma linda melodia, que proporcionava paz à nossa alma.

Havia também músicas direcionadas exclusivamente às crianças, e adequadas aos seus conhecimentos. A música era transmitida no mesmo instante e na mesma intensidade em todos os lugares do ambiente, sem o auxílio de aparelho de som. Havia pássaros voando que se aproximavam de nós, e podíamos acariciá-los. Ao sairmos dali, seguimos por um caminho que nos levou até um bosque. Em poucos instantes, estávamos à beira de um riacho, cujas águas eram tão claras, que conseguíamos ver o fundo do leito. Ao tocar na água, os peixes saltavam e vinham para nossas mãos. Depois de acariciá-los, os deixávamos livres para seguir seu caminho. Um pouco mais adiante, encontramos inúmeras árvores frutíferas de porte bem pequeno, e nelas havia frutos maduros. Após saboreá-los, jogávamos suas sementes no ar e elas se desintegravam na própria atmosfera. O passeio pelo bosque proporcionava grande reconforto.

As imagens demonstravam claramente que éramos uma família feliz. Caminhamos bastante e, sem perceber, o entardecer já se aproximava. Era a hora de voltarmos. Pensei em nosso transporte e, em poucos instantes, um veículo veio plainando no ar e parou bem próximo de nós.

Sem que o tocássemos, as portas se abriram. Entramos, acomodamo-nos e, automaticamente, as portas se fecharam. Nas alturas, começamos a percorrer o caminho de volta. A visão lá de cima era ainda mais encantadora. Em poucos minutos, novamente avistei o jardim pelo qual havíamos passado antes de entrar no bosque. Sobre ele havia uma intensa luminosidade que o clareava por inteiro. Daquela luz saíam milhares de pontinhos resplandescentes e que desciam sobre todos os que ali se encontravam.

Eu jamais poderia imaginar tal coisa, mas aquela linda melodia que ouvíamos saía daquela luz. Fixei meu olhar naquelas imagens e pude vislumbrar a maravilha daquela cidade. Todos os edifícios e casas exibiam seu esplendor e eram enormes e confortáveis.

Vários veículos cruzavam com o nosso, em pleno ar. Depois de alguns minutos, nosso transporte interrompeu a sua rota e foi descendo lentamente até chegar ao solo firme.

Ainda agora, tenho grande dificuldade em narrar tudo o que ali presenciei, pois a emoção novamente toma conta de meu espírito. Estávamos bem em frente a uma linda casa, cujo jardim não tenho palavras para descrever tamanha a sua beleza, mas posso dizer que as flores eram diferentes de todas que eu já havia visto até então. Quando nos aproximamos da entrada da casa, fiquei surpreso, pois nos recepcionaram dois belos animais. Após os cumprimentos, gentilmente nos convidaram para participarmos da oração, que aconteceria dali a alguns instantes. Fomos conduzidos a uma sala, cujas paredes eram altas e com enormes telões afixados nelas. Um dos animais pediu para que aguardássemos o momento da oração.

Fez-se silêncio e, depois de alguns minutos, apareceu em um daqueles telões a imagem do administrador daquela metrópole, o Espírito Gabriel e, ao seu lado, estavam seus doze ministros. Ele, amorosamente, nos disse:

Meus irmãos, é chegado o momento de entrarmos em sintonia com o nosso Mestre Jesus por meio da oração que Ele nos ensinou, e de agradecermos pelo grande amor que tem pela humanidade. Agradecemos também a Deus nosso Pai, pelo tanto que nos ama.

Eu fiquei surpreso ao ouvir aquelas palavras do irmão Gabriel, e pensei na Oração do Pai-Nosso. Ele nos pediu para fecharmos os olhos, e elevarmos nosso pensamento até o mais alto, rogando paz e harmonia para todos ali presentes e, também, para toda a humanidade. Antes mesmo que ele começasse a orar, pequenos pontos de luz desceram sobre todos os presentes. Ele, então, orou:

Pai nosso que estais nos céus, santificado seja o vosso nome.

Venha a nós o vosso reino, seja feita a vossa vontade aqui como em todo o Universo. O pão nosso de cada dia nos dai hoje, Senhor, perdoai, as nossas ofensas, da mesma forma que nós perdoamos aos nossos ofensores.

Não nos deixeis cair em novas faltas, mas nos livrai, Senhor, de todo erro aqui e em todo o Universo que é toda a vossa morada.

Que assim seja.

Tomamos conhecimento de que todos os dias, antes do alvorecer e do pôr do sol, os moradores daquele mundo se reuniam para orarem, e essas energias eram canalizadas diretamente para as zonas umbralinas da Terra.

Assim que terminou a prece, a imagem do Espírito Gabriel desapareceu da tela. Imediatamente, o ancião, que nos acompanhava, perguntou:

– Ismael, está satisfeito? Eu respondi que sim, mas também lhe disse que ainda estava curioso com um fato que acontecera durante o passeio pelo bosque!

Ele novamente indagou:

– Você está querendo saber como os habitantes daqui se alimentam, não é mesmo? - Eles se alimentam da mesma forma que foi mostrada nas imagens lá no bosque.

Buscando respostas às minhas inúmeras dúvidas, novamente questionei:

– Irmão, pelas imagens que vimos, quando chegamos àquela casa, fomos recepcionados por dois belos animais. O que aconteceu com os animais daqui?

Ele solícito respondeu:

– Alguns nos auxiliam nos trabalhos domésticos e outros servem para embelezar o planeta. Nós, espíritos, em evolução, também temos o nosso trabalho, que é o de alavancar o progresso dos animais, para que eles também evoluam e superem seus reinos até atingir o hominal, como aconteceu com todos nós.

Depois de tão belas recordações, Doralina continuou dizendo:

— Muito bem lembrado, Ismael, naquele mundo, os animais têm a sua evolução alavancada pelos encarnados daquele orbe.

Falemos agora um pouco sobre as energias em que a população dos mundos ditosos estão envolvidos:

— A energia de que seus habitantes precisam é retirada do próprio espaço sideral. Ela é visível a olho nu. Por mais que desejemos explicá-lo, não possuímos esses recursos. Os encarnados, ao transitarem, retiram do ar a energia de que necessitam para sua sobrevivência. E lá, também, existem os três reinos: mineral, vegetal e animal, e são adequados à evolução daquele planeta.

Enquanto no mundo de prova e expiação, o homem destrói a natureza, no ditoso, ela é preservada, pois já conscientes, respeitam os seres que nela se encontram, realizando seu progresso em um plano menor.

Enquanto na Terra o homem cria certos animais com o propósito de lhe servirem como alimento, nesses mundos, eles não fazem parte do cardápio, não se mata e nem se morre pela sustentabilidade, isso é fato concreto. Tudo é parte da natureza. Isso vale para todos os reinos, de acordo com as leis naturais que compõem aquele mundo.

Lembramos aos nossos irmãos leitores que, naquela visão em que pude percorrer o bosque, estava revendo uma cena de fatos acontecidos, no período em que aquele mundo estava passando do estágio de regenerado para o de um mundo ditoso. As cenas a que presenciamos, encontravam-se gravadas no éter-Cósmico do próprio mundo.

Na época em que Jesus esteve encarnado na Terra, o

mundo Estrela de Luz se encontrava a dezoito mil e duzentos anos de evolução à frente da Terra. Imaginemos o quanto deverá ter evoluído depois de haver passado dois mil anos!

CAPÍTULO 25

A EVOLUÇÃO DOS ANIMAIS NOS MUNDOS DITOSOS

Querendo saber mais sobre o Criador e a sua criação, perguntei:

– Doralina, o que é Deus como Criador?

– Allan Kardec, o codificador da Doutrina dos Espíritos, perguntou a eles o que é Deus, e esta foi a sua resposta: "Deus é a Inteligência Suprema, causa primária de todas as coisas". Podemos dizer que Deus, quando respira, está criando vidas, e quando inspira, está chamando as vidas que criou para perto de Si.

O princípio inteligente é criado nesse momento, e percorre o universo em sua caminhada evolutiva até encontrar esses mundos. Mesmo que eles não tenham condição de abrigar a vida orgânica, já possuem, desde o início, princípios inteligentes esperando para serem germinados um dia, para que possam florescer. Nos mundos inferiores, os espíritos elementais fazem o seu trabalho de evolução e auxiliam na sua organização, realizando serviços pesados. Ali, entre eles, existem também os princípios inteligentes em sua caminhada evolutiva. E, dessa forma, vão adquirindo, cada vez mais, experiência nos três reinos: mineral, vegetal e animal.

Lembramos que, antes de eles se vincularem ao reino mineral, no ar, nas dimensões da vida, nas imagens que o homem não consegue perceber no universo, na vastidão dos mundos, no próprio infinito, ali se encontrava o princípio inteligente que foi criado há milhões de anos. Não podemos precisar o tempo, mas sabemos que já estavam lá. Desde a sua criação, eles percorreram o espaço universal até encontrar planetas em formação, iniciando seu caminho evolutivo, juntamente com a poeira cósmica de planetas que foram destruídos.

Essa evolução segue pela eternidade infinita rumo ao caminho de volta para o Criador: O que podemos afirmar é que, um dia, fomos criados e jamais teremos fim.

E ao caminharem pelos mundos primitivos, de provas e expiações e de regeneração, até alcançarem os planos celestes, vivenciam suas experiências em todos os reinos rumo a sua evolução.

Faremos uma abordagem em relação ao progresso dos animais, que estão em fase final de transição entre o animal e o espírito.

Sabemos que, evolutivamente, a maioria dos animais terrestres tem grande facilidade para o aprendizado. Um exemplo pertinente é o do papagaio, foi comprovado cientificamente que essa ave tem grande facilidade para gravar as palavras, quando bem adestrada, pode falar até novecentas palavras, podendo comunicar-se com os humanos. Os cães, se bem treinados, realizam feitos importantes. No auxílio à sociedade, é um animal que se tornou um grande amigo do homem. Os chimpanzés se comunicam muito bem em seu próprio reino e interagem facilmente com seus domadores.

Em todas as experiências realizadas com animais, eles sempre aprenderão alguma coisa. Especialmente aqueles que convivem mais próximos aos seres humanos.

Se fizermos uma comparação entre os animais do mundo Estrela de Luz com os da Terra, a distância evolutiva entre eles, está na mesma distância que os homens de hoje estão na frente dos primatas que habitaram as cavernas. Na contabilidade da ciência humana, isso se encontra há alguns milhares e milhares de anos, quando o homem da caverna começou suas primeiras manifestações.

Os animais, nos dias de hoje, são domesticados pelo homem, e aprendem tantas coisas, que até nos surpreendem com a sua capacidade. Imaginem daqui a alguns milhares de anos!

Citamos alguns, para mostrar a questão da transição. Se fizéssemos uma análise profunda, esses espíritos, que se encontram nesses mundos, não seriam considerados animais, em comparação aos animais terrestres, eles seriam espíritos hominais.

Explicando melhor a questão desse elo perdido, que é um grande enigma para a maioria dos estudiosos que buscam esclarecimentos na Terra, não encontramos outra forma para falar sobre esses espíritos-animais dos mundos ditosos.

Quando esses princípios inteligentes habitam corpos de animais em uma forma mais perfeita, e alcançam um grau de evolução intelectual, eles passam a habitar esses mundos, onde é realizado o processo de transição deles para mundos ditosos.

Para melhor entender, perguntei a Doralina, se seria possível ela nos falar um pouco mais sobre a transição do reino animal para o hominal, em um mundo ditoso. E ela comentou:
- Ismael, você se recorda do tempo que morávamos na Colônia Casa do Pai e daquela conversa que tivemos, naquele tempo,

sobre este assunto? Então, meu querido, relembremos aquela nossa conversa: Os animais que habitam os mundos superiores são os que atingiram um maior grau de evolução. Aqueles que estão no plano espiritual são mais evoluídos que os do planeta Terra, a não ser os que desencarnaram ali e estão esperando a próxima reencarnação para continuar sua evolução. Esses animais ainda são ligados ao mundo físico, mas você pode considerar que os animais que estão trabalhando no plano espiritual são muito mais evoluídos que os outros.

Os que vivem no mundo Estrela de Luz, um planeta que já passou pelo processo da regeneração, são bem mais desenvolvidos. Eles têm maior capacidade de nos compreender do que os que se encontram aqui no plano espiritual da Terra.

Note que os animais nos ajudam a levar o socorro nas zonas umbralinas. Eles têm seu ritmo de trabalho, mas fazem somente aquilo. Na Terra, eles se prestam a um serviço diferente.

No mundo Estrela de Luz, a triagem é feita da seguinte forma: os agentes das fazendas em que existem laboratórios fazem experiências intelectuais para testar o Q.I. dos animais. Estes são colocados para fazer determinados serviços, e observam os que se saem bem. Aqueles, que conseguem realizar melhor o trabalho e com mais rapidez, são separados dos outros. Os agentes vão realizando essa triagem e revezando o setor de atuação dos animais. Ao se superarem recebem a tarefa de orientar os inferiores a eles. Nessa condição, deixam de ser comandados e passam a ser comandantes.

Entre os beduínos, no planeta Terra, o líder assume a liderança, usando a força física bruta. Nos mundos superiores, torna-se um líder aquele que é mais inteligente. No momento em que passam a comandar, eles também começam a raciocinar, porque têm a capacidade de ter um pensamento contínuo, de planejar o que se deve fazer para realizar efetivamente a tarefa. Então, os animais que estão na condição de comando, começam a raciocinar, e, dessa forma, vão aperfeiçoando o seu trabalho e utilizando formas que os tornam mais rápidos, construtivos e perfeitos. E junto com o instinto de preservação que eles têm, que é de grande importância para a evolução de tudo o que é criado por nosso Pai, fazem com que esse princípio inteligente vai também se sublimando. Com a inteligência já conquistada e com pensamentos mais constantes, entram no ritmo, e começam a pensar. A partir daí, vão conquistando novas oportunidades, adquirindo novas responsabilidades e tendo, cada vez mais, compreensão da vida. Assim, seguem, sentindo-se úteis e importantes diante dos nossos incentivos a eles pelos trabalhos realizados, pelo bem que praticaram com esforço próprio e pelo estímulo à importância de serem livres, buscando sua liberdade em pensamentos, atitudes e ações.

De repente, aquele animal começa a se sentir um deus diante daqueles que ainda não sabem o que fazer e precisam ser comandados por outros. Os comandados passam a observar que aquele seu irmão aprendeu coisas que eles ainda não conseguiram, então começam a segui-lo, tentando imitá-lo. Muitas vezes até por ciúme, ao verem que o outro faz coisas que eles ainda não sabem. Às vezes, um pouco de inveja pode ser até saudável. Também o ciúme, nesse caso, é benéfico. Com essa atitude, eles começam a buscar, cada vez mais, o seu ideal.

Nessa corrida evolutiva, separam-se em classes aqueles que se sobrepõem aos outros pelo conhecimento e responsabilidade. Lembramos que nesse processo, a responsabilidade é muito importante, pois ela cria a lealdade, que é o primeiro passo da evolução dos animais. Quando eles conseguem raciocinar, pensar e fazer algo, já deram um grande passo na escala da evolução. Esse processo não acontece de um dia para o outro.

Primeiramente, o animal tem uma desvinculação total de sua própria alimentação. Ele deixa de consumir carne e se alimenta de ração baseada em frutas elaboradas com gosto de carne, que deixa de fazer parte de sua cadeia alimentar. É importante, no início da evolução dos animais, que eles se desvinculem da alimentação carnívora, para que comecem a respeitar uns aos outros. Passam a se alimentar em horários pré-determinados. E o animal não precisa mais sair em busca de seu alimento, como acontece na Terra.

O corpo desses animais é mais delicado, porque o nosso planeta em nível de densidade é mais leve que o planeta Terra. Lembramos que no nosso mundo, a alimentação dos animais é em torno de dez por cento do que consumiam na Terra. Alimentam-se pouco e têm mais qualidade de vida.

O tempo de vida física deles em nosso mundo está entre cento e cinquenta a duzentos anos, na idade cronológica da Terra. Nota-se que eles vivem muito mais em nosso mundo, trabalham bem mais e dormem em torno de quarenta por cento menos que dormiam no plano terrestre. A rotina da vida deles é muito dinâmica em nosso mundo, e estão cada vez mais ativos. Seu pensamento não para e gira, cada vez mais, até atingir um nível de evolução suficiente para ser contínuo. Quando dormem, suas almas são transportadas para as dimensões espirituais e lá continuam vinculadas aos processos em que atuam na vida ativa, no mesmo setor, para que continuem pensando constantemente e não percam aquilo que foi adquirido. Nessa corrente de velocidade mental, cada vez mais a sua alma se encontra ativa, tanto dormindo quanto em estado de vigília.

Os espíritos superiores que trabalham nessa organização dedicam, constantemente, a eles sentimento fraternal e amor, para que os animais possam se sentir como se fossem seus verdadeiros filhos. Com o carinho que esses espíritos passam para eles e o grande amparo que recebem, eles se sentem motivados a continuar, cada vez mais, buscando um maior grau de progresso intelectual. É como uma roda que não pode parar, para não perder o ritmo da velocidade.

Depois de muitos milhões de anos de experiências em vários setores do trabalho de despertamento intelectual, os animais vão criando também, por seu próprio esforço, uma atmosfera espiritual em torno de si mesmos. Dessa maneira, dão origem à sua forma perispiritual pelo esforço do seu labor e da sua mente, alimentada por pensamentos e pelos momentos repetitivos de elaborar e planejar o que eles vêm fazendo há muito tempo na esfera espiritual.

Ao adquirir o pensamento contínuo, seu perispírito não se desintegra mais. O animal passa a ter uma individualidade conquistada por seu próprio esforço, por seu trabalho e pela ajuda dos benfeitores espirituais que os intuem e os incentivam ao trabalho. Entre eles e os amigos espirituais, há também um elo de amizade e gratidão.

Eles desencarnam. Passam a ter uma vida espiritual e trocam de corpo. Na espiritualidade, eles já passam a ter o seu perispírito mais sublime, delicado, ficando mais abertos a receberem auxílio de seus benfeitores espirituais.

Eis aí a transição. Os animais, com todo o carinho e amor, são levados a mundos primitivos; passam por um processo de "encarnação", não no corpo físico, mas na dimensão espiritual desses mundos, para que possam ter um novo corpo, uma nova vida, vivendo como espíritos elementais, que têm o papel de trabalhar na natureza, nos serviços mais pesados, na preparação desses mundos, para que, um dia, possam ter condições de recebê-los. Lembrando que, no reino elementar, esses espíritos que atuam na natureza têm grande capacidade intuitiva para receber inspirações e orientações dos espíritos superiores e, assim, seus trabalhos podem ser executados em perfeita sintonia. Contudo, o instinto de conservação continua muito forte em toda a sua trajetória de vida, já que eles precisam desenvolver, cada vez mais, a capacidade de raciocínio.

Esses espíritos são dirigidos por espíritos superiores, que são comandados e recebem ordens de Deus, nosso Pai Criador. Esses irmãos passam a ter sua individualidade e vão atingir sua evolução como seres divinos que caminham para a eternidade. Nessa trajetória no reino elementar, viverão ainda por bilhões e bilhões de anos até chegar o momento de ter sua primeira experiência reencarnando como homem. Nas primeiras vezes, ainda terão muitas dificuldades, já que o espírito, quando reencarna, perde um potencial imenso.

Para que possamos avaliar a perda, quando o espírito está desencarnado tem o raciocínio em cem graus, e sua capacidade de raciocínar é de cem por cento. A da visão também é de cem por cento, assim como a de sentir. Porém, quando reencarna, só consegue absorver, depois de muito esforço e dedicação, vinte por cento do que traz em sua bagagem evolutiva.

CAPÍTULO 26

EVOLUÇÃO MORAL E ÉTICA DO PLANO TERRESTRE

No tempo em que a Colônia Casa de Misericórdia levou seus últimos hóspedes a uma encarnação na Terra, também eu fui abençoado com uma oportunidade reencarnatória. E graças ao auxílio recebido pela espiritualidade, principalmente, de minha companheira Doralina, consegui êxito no meu resgate com meus antepassados.

Algum tempo depois de minha desencarnação, seguimos até a Colônia Espiritual Casa do Pai, que há muito tempo é o centro administrador da Terra. Poder voltar àquela Colônia e reencontrar velhos amigos, trouxe-nos importantes recordações.

Davi, espírito evoluído e capacitado para a missão, havia sido designado chefe de uma equipe que se encarnaria no plano terrestre, para dar suporte e sustentação, num momento crucial de sua transição.

E, assim, mais uma vez, esses anjos de Luz desceriam à Terra, com o objetivo de dar continuidade ao desenvolvimento intelectual e, também, alavancar o progresso moral desse mundo.

Mesmo diante de todos os sofrimentos que os encarnados estão vivenciando, sabemos que o plano terrestre nunca esteve abandonado e, desde a sua formação, recebe falanges de Espíritos Missionários, que trazem a este plano os ensinamentos de Jesus. Para a maioria da humanidade, ainda recalcitrante no erro, esses ensinamentos permanecem adormecidos na alma, e somente o adubo da dor possibilitará que germinem as sementes do amor.

A maioria dos integrantes dessa equipe já esteve na Terra. Não tenho permissão para citar seus nomes, pois todos são bastante conhecidos.

Depois de tomar conhecimento de fatos relevantes sobre sua nova incumbência neste plano, indaguei a Davi:

– Mesmo depois de todo o avanço tecnológico conquistado pela Terra, ainda há necessidade de se encarnarem ali espíritos com essa incumbência?

– Como foi previsto, estamos gratificados com esta grande revolução tecnológica alcançada no plano terráqueo, nesse último século. Este é um trabalho contínuo, e como já lhes disse, acontecerá sempre, enquanto uns estão de volta ao plano espiritual, outras equipes retornam à Terra com esta finalidade.

É um fato a se observar que, ao fazerem uma importante descoberta, alguns a vejam como se já a conhecessem, pois, a maioria teve aquela ideia em algum momento. E aí entra o processo reencarnatório, de outro modo, não explicaríamos tal situação. Ismael, imagine o progresso que ocorrerá daqui a algumas décadas, quando estes estiverem lá, encarnados!

Entre aqueles que seguirão comigo, temos excelentes educadores. Eles têm como missão promover a educação dentro do lar, onde verdadeiramente se inicia a educação de um Espírito. Ao estarem numa escola convencional, promoverão o desenvolvimento intelectual, moral e ético daqueles que ali frequentarem.

Somente assim, aquele Orbe dará um salto em sua história, passando de mundo de Provas e Expiações, para um mundo de Regeneração.

– Todos esses espíritos que estão sendo deportados, um dia, terão a oportunidade de voltarem à Terra?

– Na medida que regenerarem, terão o direito de regressarem a esse mundo. É uma questão de sintonia, quando sublimarem suas energias, automaticamente serão levados para mundos compatíveis com suas vibrações. Necessariamente, não precisa ser para o plano terráqueo.

Sabemos que a fraternidade e o amor estão dentro dos corações de cada um de nós. Para a maioria, esses sentimentos se encontram ainda em estado latente. E aqueles, que se encontram em estado de maior sublimação, são os responsáveis por iluminar o planeta.

Não nos esqueçamos de que a encarnação é uma importante ocasião para o espírito evoluir.

O compromisso maior desta equipe é a implantação do amor em sua forma mais sublime.

Lembre-se, meu filho, de que os mundos são solidários uns com os outros, e o universo é um grande campo de trabalho, onde todos podem cultivar as sementes que o Pai semeou.

Recordemos aqui os ensinamentos de Jesus, quando ele disse: *"Eu sou a videira verdadeira e Meu Pai é o agricultor. Toda a vara que em Mim não dá fruto, Ele corta-a, e limpa toda aquela que dá fruto, para que dê mais fruto. Vós já estais limpos, devido à palavra que vos tenho dirigido. Permanecei em Mim e Eu permanecerei em vós. Como a vara não pode dar fruto por si mesma, se não estiver na videira, assim acontecerá convosco, se não estiverdes em Mim. Eu sou a videira, vós as varas; quem está em Mim e Eu nele, esse dá muito fruto; porque sem Mim nada podeis fazer. Se alguém não estiver em Mim, será lançado fora, como a vara, e secará; lançá-lo-ão ao fogo e arderá. Se vós estiverdes em Mim e as Minhas palavras estiverem em vós, pedireis tudo o que quiserdes e ser-vos-á concedido. Dando vós muito fruto, Meu Pai é glorificado; e assim sereis Meus discípulos. (João 15:1.8).* Isso significa que todos nós estamos ligados ao Criador através desses ramos.

Esses espíritos, mesmo não tendo nenhum vínculo com o planeta Terra, mas por amor à Humanidade, se colocaram à disposição, para dar impulso ao progresso. Auxiliando-nos na ajuda aos encarnados, para que se libertem das obsessões interiores. Serão estrangeiros naquela Terra, mas fazem tudo por amor aos seres humanos, para a conquista de um mundo melhor.

Cientistas, com grandes experiências, serão conhecidos. Eles têm a missão de fazer germinar os seus conhecimentos, causarão um grande alvoroço, para que o mundo possa compreender que as ações impensadas trazem sérios transtornos, e, na maioria das vezes, irreversíveis, em todos os níveis sociais. E que, também,tem um preço a pagar por elas.

Uma nova modalidade de educação abrangerá todos os ciclos da vida. Além dos novos conhecimentos na área da tecnologia, terão o papel de implementar no meio da sociedade uma boa convivência dentro do respeito, da solidariedade e, principalmente, da caridade. Haverá, portanto, uma mudança drástica, mas positiva, em relação aos velhos hábitos dos homens ali encarnados.

Há bastante tempo, o Orbe Terrestre sofre terrivelmente

com a falta de uma estrutura familiar. Esta situação tem propiciado os muitos desequilíbrios na área sexual, que têm levado ao aumento recorrente de homicídios.

O dia em que o homem descobrir que o amor, a caridade e o perdão são preciosos medicamentos para curar nossas imperfeições, e entender que nossos pensamentos positivos se transformam em uma poderosa vacina contra as moléstias físicas e espirituais que nos devoram, dará um passo à frente no caminho da regeneração.

CAPÍTULO 27

DESENCARNAÇÕES COLETIVAS

Era madrugada do mês de Setembro do ano de 1985, quando nossa equipe chegou à Colônia Espiritual Cidade do México. Outras centenas de equipes, também, vinham de várias partes do planeta. No plano espiritual, a movimentação era intensa, pois em questão de horas, aquele país sofreria o resultado de uma grande tragédia. Era momento de nos unirmos, sermos solidários e levar até aqueles irmãos uma palavra de conforto, pois sofreriam a dor de ver a si e a seus familiares debaixo dos amontoados de escombros, após o pior abalo sísmico já registrado nas Américas!

O irmão Franscico Cordeiro, um mexicano, Espírito evoluidíssimo, tinha como responsabilidade acolher as equipes e encaminhá-las ao plenário. Após sermos apresentados, seguimos para o local do encontro. Estavam presentes mais de sessenta mil servidores. Possuidor do dom da oratória, irmão Gentil, o diretor, alertava-nos para a difícil provação pela qual aquele povo estava por passar. E continuou dizendo:

— Irmãos, faltam apenas alguns poucos minutos para a grande explosão. E nós aqui, neste plano, temos que nos posicionar para o resgate de nossos companheiros que desencarnarão de maneira trágica. Sabemos da magnitude do abalo e do caos que se abaterá sobre este país, mas tudo tem uma razão de ser. Nossos irmãos estão aqui reunidos e passarão pela prova. A maioria deles não continuará no plano terrestre e será levada para mundos que apresentam condições compatíveis com a sua evolução.

Muitos de vocês têm conhecimento de que três planetas se designaram para acolhê-los, pois as energias deles condizem com os estágios evolutivos daqueles que desencarnarão nestes próximos dias.

As deportações no plano terrestre já se iniciaram e podemos dividi-las em três etapas. Na primeira, os espíritos foram levados para mundos que estão em seu estágio primitivo. Nesse tempo, foram retirados os espíritos mais perversos que estavam encarnados naquele plano, e foram aqueles que fomentaram a Primeira e a Segunda Guerras Mundiais. Na segunda etapa, foram deportados aqueles que construíram as cidades das trevas, e assumiram a condição de governá-las, nas regiões abismais da Terra. Mas todos eles tiveram a oportunidade para se regenerarem, através de oportunidades reencarnatórias.

No momento atual, essa transição está mais acelerada e corresponde à retirada daqueles que não conseguiram progredir moralmente e não se esforçam para fazer o bem, ao contrário, sentem prazer em praticar o mal. Os orbes que os receberão estão passando pelo estágio, que pode ser comparável ao do tempo de Noé e ao da Civilização Egípcia.

Antes do encerramento, Gentil, solícito, disse-nos: - Irmãos, coloco-me à disposição para esclarecer as dúvidas que possam ter surgido.

Josué, o coordenador de uma das equipes, perguntou:

– Irmão, ao chegar a estes mundos, se esses espíritos não se esforçarem para evoluir, o que poderá acontecer a eles?

– Outros mundos, em estágios menos evoluídos, os aguardam.

– Esses mundos, os quais citou, estão sob o comando de Jesus?

– Sim. Quando Jesus disse que na casa do Pai há muitas moradas, Ele se referiu a esses lugares, nas dimensões espirituais. Jesus tem compromisso com aqueles que vieram para a Terra e continuará tendo com esses que estão indo para outros orbes. E o Cristo não está sozinho, uma falange de espíritos evoluidíssimos o auxilia nessa grandiosa missão.

Em seguida, irmão Gentil orou em favor dos habitantes daquele país, pois aqueles que não passassem pela morte, naquele momento, sofreriam profundamente a dor da perda.

Após a oração, profundo silêncio se estabeleceu no recinto. Nos instantes seguintes, ouvimos as sirenes que foram acionadas, alertando-nos de que o terremoto estava se iniciando.

As equipes espirituais de samaritanos dirigiram-se para os locais afetados. Ao retornarem, traziam consigo muitos espíritos, que eram encaminhados aos hospitais das colônias espirituais. E ali, parentes e amigos das vítimas já os esperavam.

Era visível o desespero daqueles irmãos, ao verem os próprios corpos inertes, em meio aos escombros de suas próprias casas, diante de tamanha aflição tentavam reanimá-los. Apavorados, não queriam acreditar que estivessem mortos.

A maioria se ajoelhava pelas ruas, e olhando para o céu, aos gritos, pediam clemência e socorro a Deus para que seus esposos, esposas, pais e filhos não morressem. Os encarnados e desencarnados se misturavam em grande correria.

Foi um momento de grande pavor vivido pelo povo mexicano. As ruas, interditadas por enormes crateras, que impossibilitavam a passagem dos pouquíssimos carros de bombeiros que tentavam se aproximar.

As redes de água e esgoto, ao estourarem, causaram uma grande enchente, levando tudo que estava pela frente. O estado de terror era dominante, pois vários edifícios estavam em chamas. Toda a cidade foi afetada, mas algumas áreas foram totalmente destruídas pelo grande terremoto, e assim, milhares de espíritos retornaram à pátria espiritual.

Ao presenciar toda aquela tragédia, pensei: "_ Meu Deus! Como é difícil ter de passar por tão grande sofrimento!"

Hércules, interveio, dizendo: - Ismael, é chegado o momento de colocarmos em prática os ensinamentos de Jesus. Nossas orações têm grande valor, pois são boas energias que emitimos, mas é importante estarmos à frente do trabalho, sem hesitar. Existem milhares de espíritos que precisam ser amparados neste momento, fora os encarnados que, também, passam por grande sofrimento. Aqui ou em qualquer lugar onde estivermos, não podemos nos manter à parte dos problemas, devemos fazer algo de bom e útil em favor dos mais necessitados.

CAPÍTULO 28

TERRAS BRASILEIRAS NA VISÃO ESPIRITUAL

Os trabalhos de socorro no plano espiritual duraram dias, enquanto, no plano físico, era impossível precisar quando aquele país voltaria à normalidade.

Ao término de nossos compromissos, perguntei a Davi:

– Qual e onde será nossa próxima missão?

– Ismael, partiremos imeditamente para as Terras Brasileiras.

Naquele momento, quase chorei, mas me contive.

Ao chegarmos ao Brasil, fomos visitar algumas colônias espirituais existentes nessa terra abençoada.

Percebemos que o maior problema dos brasileiros não era a guerra, pois é um país pacífico nessa questão. Nele vivem o maior percentual de católicos, evangélicos, espíritas e uma infinidade de outras denominações religiosas.

Davi, ao ouvir meus questionamentos, disse: - Ismael, o Brasil é o coração do mundo, a pátria do evangelho. País esse, que foi escolhido por Jesus para ser o divulgador da mensagem do Consolador, pois neste estaria o maior percentual de espíritas em relação a todo o planeta, contudo, o país está em guerra.

Fiquei a imaginar do que Davi falava, se pelas ruas não víamos os exércitos armados e muito menos tanques de guerra em atividade! Nesse momento, Davi interveio dizendo: - Ismael, você viu somente as maravilhas daqui. Ao observarmos melhor, veremos que o país está enfrentando um dos piores problemas da humanidade: a desagregação das famílias, o aumento do vício em entorpecentes, as drogas, a criminalidade, a corrupção está disseminada pela sociedade.

E através de um aparelho, presenciamos cenas que entristeceram nossa alma. Crianças e adolescentes do sexo feminino, com idade entre nove e dezesseis anos de idade, usavam drogas e se prostituíam. Adolescentes de ambos os sexos, que ao completarem doze anos já haviam praticado vários crimes!

E Davi continuou dizendo: - Aqueles, que deveriam educar e proteger, estão conduzindo as crianças e adolescentes ao tráfico, e a maioria deles é assassinada por causa das drogas. Os adultos, quando não morrem de overdose, matam-se na disputa por pontos de drogas.

Nas fronteiras, muitas vezes, algumas autoridades, que deveriam coibir o tráfico, são os organizadores ou chefes de quadrilhas que dão cobertura a esta ação criminosa em território brasileiro. E por que não falar das grandes plantações de ervas alucinógenas, encontradas pelas matas adentro? Grupos de traficantes se organizam, formando um poder paralelo.

Muitos deles infiltram-se na política, usando-a em beneficio próprio, e se utilizam do poder para proteger seus próprios interesses.

Os líderes religiosos, que têm o papel de exemplificar pelo grande conhecimento que têm, ao invés de levarem os ensinamentos do Cristo aos fiéis, libertando-os da ignorância, estão escravizando-os através de "lavagem cerebral", fazendo de suas igrejas locais de trocas de favores, como se Deus cobrasse por sua misericórdia.

Hércules, ao perceber a minha preocupação, disse: - Observemos agora como estão os trabalhos dentro dos Grupos Espíritas, lugar onde a pureza doutrinária deveria ser exemplificada! Em alguns, o principal objetivo dos atendimentos, na área de assistência social, estão voltados para a distribuição dos bens materiais, deixando para segundo plano a Evangelização. A maioria dos grupos lutam com grandes dificuldades para sua sobrevivência e a manutenção dos trabalhos ali executados. Somente alguns poucos integrantes do grupo contribuem com o pagamento do aluguel, da água e luz. Muitos deles se sentem obrigados a ajudar, porém, se fosse de vontade própria, não o faria.

Dentro do Movimento Espírita, vimos pessoas dedicadas e esforçadas, mas também, havia aqueles que se opunham, criando obstáculos para o crescimento do Grupo. Pensam que, por não estarem na direção dos trabalhos, não devem ajudar. O egoísmo é um sentimento ainda bastante forte nos corações dos falsos espíritas, que se infiltram no movimento, para interferir no crescimento da Doutrina que é uma grande Luz a clarear o caminho por onde a humanidade deve seguir.

Nesta oportunidade, pudemos visitar várias colônias transitórias que são interligadas às casas espíritas.

O Espiritismo cristão nas terras brasileiras, à semelhança dos primeiros cristãos, quando fundaram a Casa do Caminho, segue os passos de Jesus no trabalho em favor do próximo e, na caridade, em primeiro lugar. Mesmo enfrentando preconceitos muitos lutam bravamente na divulgação do Espiritismo.

Ao conhecermos as dependências de um desses grupos, me surpreendi, quando soube que o fundador era nosso irmão Eurípides Barsanulfo. Esse espírito, quando encarnado, teve a coragem de divulgar o Espiritismo no momento em que o Catolicismo era a religião oficial. Sofreu terríveis acusações, mesmo assim, não fraquejou, seguiu em frente, como o atleta que está dando os últimos passos, e depois de uma longa corrida, no caminho do bem e da caridade, saiu vitorioso. Barsanulfo foi o grande exemplo de amor na Terra, e continua sendo para nós, aqui, no plano espiritual.

Hércules, percebendo minha emoção e surpresa, ao tomar conhecimento daquele fato, disse: - Quero que se encontre com um companheiro nosso, que tem grande conhecimento da vida desse verdadeiro discípulo do Cristo.

No mesmo instante, nos materializamos no pátio da Colônia Transitória ou Parque Hospitalar, que foi fundada por Eurípedes Barsanulfo. Seguimos por um enorme corredor de ipês, onde os raios solares, ao tocarem em suas flores, davam-nos a impressão de vermos pequeninos sóis.

Enquanto admirávamos a beleza do lugar, veio em nossa direção um senhor de admirável e singular "luminosidade". Sua aura, clara e reluzente, mais parecia um aro de brilhantes. Pela vestimenta, pudemos identificá-lo como sendo um frade franciscano.

Hércules, ao nos apresentar a ele, disse:

- Ismael, esse é Ernesto Macedônio. É um grande amigo de Eurípides e trabalha com ele, há muitos anos, desde o tempo em que Eurípedes retornou do plano físico. Ernesto o acompanha nos trabalhos realizados nos Grupos Espíritas que têm oportunidade de trabalhar e também nas colônias espirituais, fundadas por ele.

Depois das apresentações, Ernesto falou:

- Irmãos, aproveitando o momento, gostaria de convidá-los a participarem de uma palestra, que será proferida pelo irmão Hérius, cujo tema será: Planeta Terra em transição.

Davi agradeceu o convite, pois aquele tema era muito oportuno para todos nós. Seguimos imediatamente para o local onde aconteceria o encontro.

Faltando alguns minutos para o início, irmão Hérius entrou no recinto. Após saudação, ele disse: - Meus irmãos, paz em Cristo! O Orbe Terrestre está vivendo o auge de um período em que as grandes descobertas têm proporcionado à humanidade considerável nível de conforto. E queremos salientar que todo esse bem-estar tem uma razão muito própria de ser. Os benefícios da modernidade dão ao homem a possibilidade de buscar desenvolver em si os valores espirituais, pois, a inteligência e o bem-estar, sem o fortalecimento do sentimento de amor, torna o homem materialista e a sensação de poder absoluto o domina.

O amor, o respeito e a solidariedade são sentimentos que nos dão sustentação, para que possamos vencer todas as dificuldades pelas quais o Planeta está passando.

A mídia tem um papel importante, pois será através dos meios avançados de comunicação que a Doutrina Espírita terá seus ensinamentos levados a todas as partes do Planeta.

Os dirigentes religiosos conservadores darão lugar a uma plêiade de espíritos iluminados, que possibilitarão uma abertura no campo religioso, reconhecendo que é impossível acreditar em um "deus" tão perverso, que sacrifica suas criaturas. Essa teoria já não é mais adequada para esse mundo. A ciência já se aprofundou tanto em suas descobertas, que vários paradigmas foram e ainda serão quebrados daqui para frente.

Esse salto no processo evolutivo dos seres humanos está acontecendo naturalmente. Aquele que não o acompanhar, não poderá permanecer naquele plano.

Com o passar dos tempos, as descobertas de novos medicamentos não só prolongarão o tempo de vida, mas darão ao homem a possibilidade de viver bem e com saúde. Os recursos tecnológicos e científicos, no tocante à agricultura, deram um grande salto, e muitos avanços nesse campo têm ajudado as nações de uma maneira geral.

Quanto aos crimes que estão acontecendo, esses criminosos que estão matando por um par de tênis ainda não compreenderam o valor da vida.

A missão do Espiritismo, que tem como base os estudos científicos, é levar luz onde haja trevas. A ciência é uma grande aliada do Espiritismo. Há alguns séculos, muitos pregavam o materialismo, era necessário ver para crer. Essa nova ciência nos ensina o contrário. Os resultados das pesquisas científicas bem fundamentadas, em bases seguras, são importantes para o desenvolvimento da Terra.

Existem tantas coisas que o homem não consegue visualizar, pois estão imperceptíveis na multidão, e diante disto, toma decisões sem refletir no efeito das causas, não se preocupando com as consequências. É como olhar para o espaço e não ver o vento, mas podemos observar as suas ações.

No futuro, os princípios básicos doutrinários Espíritas serão estudados por todas as religiões, que, comprovadamente, estão de acordo com as leis de Deus. Gradativamente, as religiões do mundo abrirão suas portas para receber esses valores que libertam o homem da ignorância.

A comunicação dos espíritos entre os homens sempre existiu e prossegue por toda a eternidade. A dificuldade de entendimento entre eles é em compreender a forma como o fenômeno se dá.

O Espiritismo, codificado por Allan Kardec, traz as classificações dos espíritos, trazendo à luz o entendimento desses fenômenos, pois, muitas doutrinas não os compreendem, vendo somente dois tipos de espíritos: o Espírito Santo e o demônio. Diz um ditado popular: "Ou tudo ou nada"! Para eles, o meio termo não existe. Essas doutrinas preconceituosas estão com seus dias contados.

No total desconhecimento dessas verdades, é impossível entender e compreender os processos evolutivos pelos quais todos nós temos de passar.

Os fenômenos espíritas estão sendo estudados no Catolicismo e em muitas outras denominações religiosas e científicas. Com o passar do tempo, essas religiões absorverão esses princípios doutrinários.

Através dos meios de comunicação, principalmente a Internet, temos uma grande facilidade para percorrer, em segundos, todo o orbe, do mesmo modo como nossos pensamentos percorrem o universo através do fluido cósmico. De agora em diante, nada impedirá o progresso do Planeta. As grandes barreiras do preconceito terão que cair por terra. A verdade é o que prevalecerá, sempre.

CAPÍTULO 29

VAMPIROS DA NOITE

Hérius continuou dizendo:

Nesse período de transição, todos os setores da sociedade estão sendo influenciados negativamente pelos espíritos vampirizadores. Os jovens, sem nenhuma orientação espiritual, estão sendo manipulados por eles, e através das pichações, dos jogos eletrônicos, desenhos animados e todas as formas de uma pseudo-arte incentivam a violência e a criminalidade. Fazendo total apologia ao uso de drogas, como saída libertadora de seus conflitos interiores, mas que na verdade, é escravidão que os leva para a total destruição de suas próprias vidas.

Os pais não poderão dizer que foram pegos de surpresa, e que não sabiam de nada do que estava acontecendo com seus filhos, pois os veículos de comunicação adentram nossas casas, informando constantemente, através da mídia falada, escrita ou visual, sobre esses crimes bárbaros, causados por jovens, que se encontram completamente desequilibrados, vivendo como se hoje fosse o último dia de suas vidas.

Realmente, a maioria deles se encontra desorientada, e suas vibrações tornaram-se incompatíveis com o planeta, pois estão agindo sob total influência dos trevosos.

Em uma visão geral da vida, podemos observar que, entre o mundo físico e o espiritual, nas "baladas da noite", muitos jovens são levados a consumir drogas de vários tipos e de alto teor alucinógeno.

É verdadeiramente uma epidemia. São considerados "copos ambulantes", onde, cada um desses "sugadores de energia" saciam todos os vícios, referentes às drogas consumidas nessas noitadas. Vivem a sexualidade em total desequilíbrio, em verdadeira promiscuidade, porque para esses irmãos, isso é uma coisa natural. As suas consciências não lhes cobram em nenhum momento, por estarem entorpecidas no erro. Os espíritos, que se esbaldam nos mesmos vícios, retiram as energias daqueles que estão na mesma faixa vibratória.

Todas as chances possíveis, dentro das leis de Deus, foram dadas a eles. Mas como tudo tem um tempo, para eles, esse ciclo está se encerrando na Terra.

A maioria desses espíritos, que hoje vivem as suas experiências nos erros, veio das regiões trevosas e abismais da Terra. Eles habitavam as cidades construídas nesses lugares, e que estão sendo esvaziadas.

No campo da música, o ritmo e a promiscuidade das letras insinuam de forma grotesca a degradação do ser humano, especialmente da mulher. Com total desrespeito à sociedade, essas músicas influenciam uma grande parte das crianças e adolescentes, desprovidos dos ensinamentos Cristãos.

Os valores morais foram destruídos e jogados por terra. Contudo, toda essa turbulência servirá como uma advertência àqueles que não querem evoluir, e, automaticamente, estão se candidatando a ir para mundos inferiores.

Ninguém está livre, até mesmo aqueles que estão se esforçando para melhorar-se sofrem as suas influências. Esses seres, imersos na escuridão, influem negativamente, de maneira contumaz, todos os veículos de comunicação. Mas, no futuro, esses mesmos veículos terão o papel de disseminar a mensagem de Jesus em todo o planeta. Assim, acontecerá a evangelização do Orbe nesse terceiro milênio.

A humanidade vive momentos difíceis, no entanto, chegará o tempo em que ela despertará para um novo modelo de vida, e então, os paradigmas serão quebrados e a família valorizada.

Na medida em que se adquire o progresso no campo da moral, as leis humanas se aproximam das leis divinas. Isso fortalecerá o homem para sua autoeducação e sua reforma interior, respeitando uns aos outros, e vivenciando aquele belíssimo ensinamento do nosso Senhor Jesus: "amai uns aos outros como eu vos amei".

Hérius encerrou sua palestra com uma linda mensagem do O Evangelho Segundo o Espiritismo:

[2]O ESPIRITISMO

5. O Espiritismo é a nova ciência que vem revelar aos homens, por provas irrefutáveis, a existência e a natureza do mundo espiritual, bem como as suas relações com o mundo físico. O Espiritismo nos mostra esse mundo espiritual não mais como uma coisa sobrenatural, mas, pelo contrário, como uma das forças vivas e constantemente ativas da Natureza, como a fonte de uma infinidade de fenômenos incompreendidos e, por esse motivo, considerados até então como sendo do domínio do fantástico e do maravilhoso. É a essas relações que o Cristo se refere, em muitas circunstâncias, e é por isso que muitas coisas que ele disse permaneceram ininteligíveis ou foram falsamente interpretadas. O Espiritismo constitui a chave que nos auxilia a compreendermos tudo com facilidade.

6. A lei do Antigo Testamento está personificada em Moisés. A lei do Novo Testamento está personificada no Cristo. O Espiritismo é a terceira revelação da lei de Deus, mas não está

2 O Evangelho Segundo o Espíritismo, editora Chico Xavier, tradução de José Reis Chaves, cap. I

personificada em ninguém, já que ele é o produto de ensinamento dado não por um homem, mas por Espíritos, que são as vozes do céu, em todos os pontos da Terra, e por uma multidão inumerável de intermediários. De qualquer maneira, é um ser coletivo compreendendo o conjunto dos seres do mundo espiritual, com cada um trazendo aos homens o tributo de suas luzes, a fim de fazê-los conhecer esse mundo e a sorte que nele os espera.

7. Da mesma forma que disse o Cristo: "Eu não vim destruir a lei, mas dar-lhe cumprimento", o Espiritismo também diz: "Eu não vim destruir a lei cristã, mas cumpri-la." Ele não ensina nada contrário ao ensinamento do Cristo, mas desenvolve, completa e explica, com palavras claras para todo mundo, o que foi dito de modo alegórico. O Espiritismo vem cumprir, nos tempos preditos, o que o Cristo anunciou, e preparar o cumprimento das coisas futuras. É, portanto, obra do Cristo, que o dirige, assim como dirige também, como Ele próprio anunciou, a regeneração que se opera, preparando a instalação do Reino de Deus na Terra.

ALIANÇA DA CIÊNCIA E DA RELIGIÃO

8. A Ciência e a Religião são as duas alavancas da inteligência humana. Uma revela as leis do mundo material e a outra, as leis do mundo moral. Mas ambas tendo o mesmo princípio que é Deus, não podem contradizer-se. Se umas negam as outras, umas necessariamente estarão certas e outras estarão erradas, porque Deus não pode querer destruir a sua própria obra. A incompatibilidade, que se acreditava existir entre essas duas ordens de ideias, deve-se a um defeito de observação e ao exagero de exclusivismo de uma parte e da outra. Disso surge um conflito que deu origem à incredulidade e à intolerância.

São chegados os tempos em que os ensinamentos do Cristo devem receber o seu complemento, em que o véu lançado de propósito sobre algumas partes dos ensinos deve ser levantado;

em que a Ciência, deixando de ser exclusivamente materialista, deve levar em consideração também o fator espiritual, no qual a Religião, deixando de ignorar as leis orgânicas e imutáveis da matéria, com essas duas forças, apoiando-se uma sobre a outra, e caminhando juntas, ajudar-se-ão reciprocamente. E a Religião, assim, não sendo mais depreciada pela Ciência, adquirirá uma força inabalável, porque estará em concordância com a razão, não se podendo mais lhe opor a irresistível lógica dos fatos.

A Ciência e a Religião não puderam se entender até hoje, porque cada uma examinava as coisas sob o seu ponto de vista exclusivo, repelindo-se mutuamente. Alguma coisa tinha que ser feita para preencher o vazio que as separava, um traço de união que as aproximasse uma da outra. Esse traço de união está no conhecimento das leis que regem o mundo espiritual e suas relações com o mundo corporal, leis essas tão imutáveis, como as que regulam o movimento dos astros e a existência dos seres.

Essas relações, tão logo foram constatadas pela experiência, uma luz nova foi feita, com a fé dirigindo-se à razão, que não encontrou nada de ilógico na fé, e o materialismo foi vencido. Mas como acontece com todas as coisas, nisso há também pessoas que ficam para trás, até que sejam arrastadas pelo movimento geral, que as aniquilará, se elas quiserem resistir-lhe, ao invés de a ele se juntarem. É toda uma revolução moral que acontece neste momento com o trabalho dos Espíritos sobre os espíritos encarnados. Depois de elaborada no decorrer de mais de dezoito séculos, ela se aproxima do seu cumprimento, e vai marcar uma nova era para a Humanidade. As consequências dessa revolução são fáceis de serem previstas. Ela deve provocar inevitáveis alterações nas relações sociais, contra as quais ninguém poderá opor-se, porque elas estão nos desígnios de Deus e são uma consequência da lei do progresso, a qual é uma lei de Deus.

CAPÍTULO 30

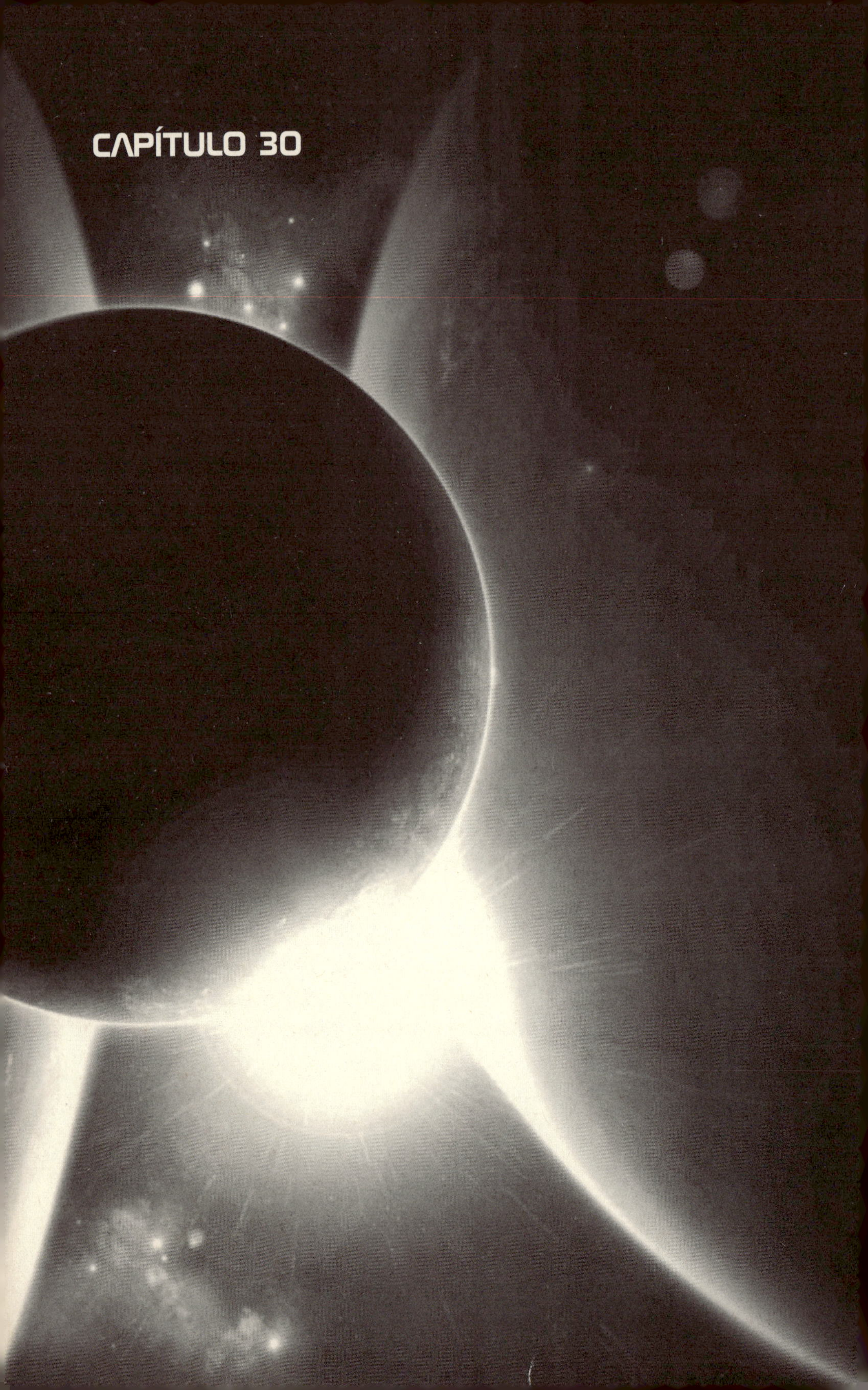

A CIÊNCIA E A RELIGIÃO

Ao término do encontro, Davi e eu seguimos até uma das praças do Complexo Hospitalar.

Diante de tantas dúvidas, indaguei ao meu companheiro:

– O processo de transição pelo qual a Terra está passando, saindo do estágio de Mundo de Provas e Expiações, momento em que todos viverão em plenitude, e de acordo com as leis de Deus. Tempo em que o respeito pelo semelhante será mantido, não pela força das próprias leis, mas sim, pela consciência de cada um! Gostaria, irmão, de saber se existe uma previsão para que o Planeta Azul se regenere?

– Ismael, no calendário humano, não existe uma data prevista para tal acontecimento. Podemos dizer que, no decorrer de algumas dezenas de anos, a humanidade ali encarnada estará vivenciando esse tempo de glória. No plano terrestre, já existem lugares em que os habitantes estão vivendo em plena satisfação da paz, são pequenas cidades, onde, por mais de quarenta anos, não há um registro de crime. Em lugarejos como esses, a comunidade que ali reside, passa por tal momento.

No entanto, no restante do Orbe, a iniquidade é constante e se agrava a cada dia.

Mas atentemos para a nova realidade. Com o esvaziamento das zonas das trevas, o Planeta deixará de sofrer as influências desses espíritos. Agora ela será de encarnado para encarnado, e sabemos que este tipo de obsessão é um dos mais difíceis de se tratar. Não quero dizer que seja impossível, mas dispensarão às partes envolvidas, grandes e volumosos esforços.

Nos países onde existe a presença de ditadores, em breve, eles serão retirados do poder. Não haverá espaços para aqueles que, de modo violento, querem coibir e tolher a liberdade das pessoas.

Nessa fase, as famílias conscientes de seus compromissos, educarão seus filhos dentro dos preceitos divinos, favorecendo uma melhor socialização e harmonia entre seus integrantes.

Os homens foram até às estrelas, mas não devem se esquecer de avançar na busca de seus valores interiores, exercitando a simplicidade, respeitando e valorizando o seu semelhante.

Na era do Espírito, a vida será respeitada. É impossível ao homem materialista continuar alimentando esses pensamentos de que somos corpos de carnes, que perambulam de um lado para o outro, mas sim, espíritos encarnados. Não poderemos continuar iludindo a nós mesmos; o momento é de enfrentar a realidade. Todos os desenvolvimentos alcançados nas questões do Universo, na expansão do cosmo, trazem para nós essas reflexões.

É impossível existir uma vida tão organizada, sem que exista por trás uma Poderosa Inteligência administrando tudo.

Muito em breve, aportará aqui, neste plano, uma falange de espíritos vindos de um planeta, que finaliza o ciclo de regeneração, entrando este, portanto, no estágio de mundo ditoso. Esses espíritos, não conseguindo acompanhar o progresso deste, assumiram a missão de ajudar a Terra neste período transitório. Dotados de certa evolução espiritual, eles tinham o direito de escolha para habitar outros mundos de regeneração. O desejo deles é auxiliar no progresso do Planeta Terra, e um dia, poderem voltar ao seu mundo de origem.

Não podemos esquecer, Ismael, que os mundos são solidários. Assim, também, são os bons espíritos.

Cada mundo é uma escola diante da evolução que nos direciona à eternidade.

Na Terra, ainda há muito sofrimento, e vai continuar por muito tempo. Até que o homem compreenda que a melhor coisa que tem a fazer é buscar a paz. Ela não é conquistada por meio de bens materiais, é uma condição íntima, individual, de cada ser. E ele só será feliz, quando sua consciência sintonizar-se perfeitamente com a consciência universal, compreendendo melhor todas as leis de Deus.

Lembremos aqui as palavras de Jesus, narradas pelo evangelista(João 16:33). "Eu vos dou a minha paz, a paz que o mundo não pode vos oferecer".

Somente por meio dela, encontraremos a verdadeira felicidade. Compreenderemos que a regeneração não depende somente de ações coletivas, mas de cada um de nós.

Não estamos sozinhos nesse universo infinitamente grande, e, aos poucos, a ciência humana conseguiu dar um passo à frente, ao descobrir, pelo menos, cem milhões de outras galáxias. Na nossa galáxia, uma estrela é formada a cada ano!

A matéria luz, observada pela ciência em relação à quantidade de matéria escura, que temos em nosso universo, é apenas uma pequenina parcela de toda essa imensidão. Uma das menores partículas são os neutrinos, que atravessam a Terra de um ponto ao outro, percorrendo o Universo. Mesmo esses e a matéria escura rarefeita ainda estão muito além do fluido cósmico Universal, em comparação à diversidade de condensações de diferentes matérias. Façamos uma comparação com o nosso oceano. De acordo com o tamanho dos animais que ali vivem, podemos ter uma ideia da condensação de matéria existente, mas tudo está ligado à matéria quintessenciada. Como esses animais precisam da água para a sua sobrevivência, nós também precisamos do fluido cósmico para viver.

A ciência detectou a matéria escura, porque sua gravidade interage com a massa que vemos.

Com os recursos tecnológicos que temos atualmente, estamos visualizando uma dimensão muito maior do cosmo. Tudo que a ciência descobriu em relação ao espaço sideral, é comparável a uma criança que está começando a dar os primeiros passos.

Não estamos a sós, estamos mergulhados no fluido cósmico, fazendo parte de toda essa criação. É ele o veículo transmissor do nosso pensamento, e que está contido em todas as matérias e em várias dimensões físicas e espirituais de todo o planeta, de todo sistema, de toda galáxia e de toda constelação. É através dele que são criadas todas as coisas, menos o princípio inteligente, que é criado por Deus, e jamais terá fim.

Os pensamentos, criações nossas, ao percorrerem o fluido cósmico universal, ficam ali plasmados em formas mentais de imagens. Essas criações interferem diretamente na evolução do Universo.

Dependemos do fluido cósmico, como os peixes dependem do mar.

Os mundos interagem uns com os outros. Nas condições materiais, é o fluido cósmico que compõe cada mundo de forma diferente.

Por isso, quando o espírito sai de um mundo e vai habitar outro, troca de corpo perispiritual, vestindo uma nova roupagem adequada ao lugar onde viverá.

CAPÍTULO 31

O RESGATE DOS IRMÃOS HAITIANOS

Ao contemplar toda aquela imensidão, indaguei:

– Irmão Davi, ainda é necessário que os habitantes da Terra sofram com tantas catástrofes?

– O Orbe Terrestre está vivendo o seu momento crucial, que representa o grande pico transitório. E essas catástrofes têm o papel de limpar as atmosferas físicas do planeta, purificando sua vibração psíquica. Esses acontecimentos promovem no seio da humanidade um sentimento de fraternidade e amor entre os seres humanos, principalmente pela grande confusão que as tempestades deixam para trás.

Muitos, ao presenciarem a dor e o sofrimento dos desabrigados, despertam em si o sentimento de solidariedade. Aos poucos, no meio do conflito, a humanidade vai seguindo pelos caminhos da programação divina, na busca da preparação para viver em um mundo regenerado.

Nesse momento, Hércules aproximando-se, disse: - Irmãos, recebemos um alerta, um pedido de socorro; nossa equipe deve seguir imediatamente para a América Central, mais precisamente para o Haiti, na cidade de Porto Príncipe. Este país passará por momentos de tormentos, e seus habitantes sofrerão as consequências de um grande terremoto. As colônias espirituais daquele país estão se preparando e nos convocam para o trabalho de socorro às vítimas. Desencarnarão ali milhares de pessoas!

Após despedirmo-nos dos amigos, deixamos o Complexo Hospitalar. A equipe era composta de cento e cinquenta companheiros, que de coração aberto, colocavam-se à frente do trabalho de resgate.

Recordemos aqui que todas as tragédias naturais estão de acordo com a programação divina.

Em segundos aportamos em uma das colônias espirituais do Haiti. As vibrações negativas eram visíveis e perceptíveis nas duas dimensões.

Estavam encarnados naquele país milhares de nazistas, seguidores de Hitler. E eram aqueles que haviam praticado as mais terríveis atrocidades em prol de um ideal.

Pela observação do irmão Hércules, viviam ali políticos que ficaram conhecidos, mundialmente, pela exploração e corrupção em seus governos, e aqueles, que não estavam de acordo com seus regimes autoritários, eram levados à morte. Assim, enquanto estiveram encarnados, não se preocuparam com o bem-estar da população, se esqueceram do juramento feito e pensaram somente em si próprios.

A vaidade, a ganância, o orgulho e o preconceito são as grandes chagas que fazem sofrer a humanidade pelas mãos desses tiranos.

Reencarnar em meio àquela miséria poderia levá-los a despertar em seus corações o sentimento da fraternidade e o respeito pelas leis de Deus.

Estavam ali, também, espíritos que, outrora, exerceram fortes influências na sociedade mundial. E como abusavam desse poder, haviam causado graves destruições na natureza.

Mesmo tendo se encarnado em situação de extrema pobreza, esses nossos irmãos não se redimiram.

O progresso é uma lei que se encontra em todos os mundos, ele traz o bem-estar e o conforto para os homens, e para que seja mantido, é necessário ter o equilíbrio da fraternidade.

Muitos desses irmãos necessitam passar por esse desenlace de forma trágica, em quitação a débitos que traziam de vidas passadas.

Em questão de segundos, a cidade de Porto Príncipe veio quase toda abaixo, nem mesmo as construções mais seguras suportaram a força do terremoto. Milhares de pessoas desencarnaram no primeiro momento. Outras milhares ficaram debaixo dos escombros e esperavam por resgate. O número de mortes chegou a mais de duzentas mil! A maior parte deles foi deportada para mundos inferiores, pois eles não tinham condições vibracionais de permanecerem na Terra.

Observando as reações repentinas de pessoas que eram incapazes de expressar um gesto de solidariedade, perguntei:

– Hércules, o que ocorreu para que elas mudassem de atitude tão repentinamente?

– Em um momento triste como este, a solidariedade fluiu em muitos corações, que até, então, eram egoístas e desumanos. Nas grandes calamidades, o amor que está adormecido, desperta. Não se esqueça, filho, de que a mesma força que temos para odiar é a mesma que temos para amar. A diferença é a direção que damos a ela.

Esses espíritos, que estão despertando para o amor, terão a oportunidade de reencarnar novamente no Orbe Terrestre.

Com o suporte que receberão dos companheiros do invisível, superarão suas imperfeições morais. Por isso, o caminho que percorremos, somos nós que escolhemos.

Andando pelas ruas daquela cidade, vimos o quanto os encarnados sofriam por seus mortos.

Seis meses já haviam se passado do grande terremoto, e ainda encontrávamos espíritos presos aos escombros, muitos deles estavam ligados, fluidicamente, aos seus corpos físicos, porque não admitiam a sua morte.

Nossa maior dificuldade foi convencê-los de que eles não precisavam permanecer naquele local. Queriam, a todo custo, continuar a viver a vida física, mesmo sem ter os corpos físicos para ocupá-los. Outros não admitiam a vida espiritual. E a maioria deles permancia ali, torturando-se.

Nesses casos, o sofrimento é causado mais pela ignorância que por necessidade de sofrer. Muitos desencarnados continuaram junto de seus familiares nos acampamentos provisórios, como se estivessem vivendo a vida real.

Nesse momento, foi Davi quem perguntou:

— Hércules, qual foi a maior provação pela qual as pessoas passaram, foi esse terremoto ou aqueles que morreram através do Tsunami na Ásia?

— Não podemos considerar a maior ou menor prova, mas podemos observar que no caso do Tsunami na Ásia, as mortes foram instantâneas. O dia 26 de dezembro de 2004 ficou marcado pelo grande Tsunami que abalou profundamente o seio da humanidade. Muitos pensaram que estavam vivendo o final dos tempos, e que o mundo estava acabando. Esta foi uma das maiores tragédias naturais acontecidas no Planeta. Ela afetou onze países. Teve início no Oceano Índico, atravessou o Atlântico, indo até a costa da África, deixando para trás um rastro de dor e um número assustador de 230.000 mortos!

Estavam lá hospedadas pessoas de todas as partes do planeta Terra e que tinham um alto poder aquisitivo. Eram aliciadores de crianças e adolescentes, de sexo promíscuo em desrespeito ao ser humano. Abusavam de crianças entre nove e doze anos sem compaixão. Não se preocupavam com o destino daqueles pequeninos, mesmo depois de uma noite inteira sendo estuprados! Portanto, naquele lugar, as vozes dos pequeninos foram caladas. Desencarnaram em grande estado de euforia, causada pelo uso de drogas.

Ao ouvir tais esclarecimentos, voltei a perguntar:

– Muitos acreditam no fim do mundo, causado pelas grandes catástrofes. Essas previsões não estão em todos os livros sagrados, escritos pelas religiões terrestres?

– Realmente, há muitos deles que falam sobre isso. Mas somente a Doutrina Espírita codificada por Allan Kardec pode nos dar uma visão segura, diante da situação pela qual a Terra está passando e ainda passará.

Quando o Codificador trouxe essa revelação do mundo espiritual para o mundo físico, foi através das comprovações mediúnicas, das pesquisas que ele fez com vários médiuns, e todos eles estavam espalhados por várias partes da Europa. Com essas revelações, caíram por terra os modelos que ainda eram incompreendidos por uma grande parte da humanidade.

Com essa abertura, tendo um intercâmbio direto com os

Espíritos Superiores, por meio de perguntas e respostas, podem-se questionar todos os aspectos pelos quais a humanidade poderia passar nessa era de transição do plano terrestre.

Assim, ele apresentou os cinco livros da Codificação para a humanidade. Eles nos trazem respostas seguras, claras e satisfatórias seguindo os ensinamentos da Bíblia, além do intercâmbio entre a ciência e religião, dentro da lógica e do bom senso para o entendimento de todos.

Estudando, nos Evangelhos, aqueles textos mais complexos e de difícil interpretação, Kardec, por meio do Espírito de Verdade, conseguiu trazer a lume as novas revelações, e ainda, dentro dos parâmetros científicos aceitáveis. Por essa razão, a tese do fim do mundo não tem mais sentido.

Estudando a Gênese, Kardec, em parceria com os espíritos superiores, procurou saber como seria essa transição. Os Espíritos Superiores revelaram a Kardec que virá uma nova geração de habitantes para o Planeta Terra.

Vejamos o que diz "O Livro dos Espíritos".

[3] *Destruição necessária e destruição abusiva.*

728 - A destruição é uma lei natural?

— É preciso que tudo se destrua para renascer e se regenerar, porque o que chamais destruição é uma transformação que tem por objetivo a renovação e o melhoramento dos seres vivos.

a) O instinto de destruição teria, assim, sido dado aos seres vivos com objetivos providenciais?

- As criaturas são os instrumentos de que Deus serve para

---

3 O Livro dos Espírititos, editora IDE, Parte III, Capítulo VI, Lei de Destruição.

chegar aos fins que objetiva. Para se nutrirem, os seres vivos se destroem entre si, e isso com o duplo objetivo de manter o equilíbrio na reprodução, que poderia vir a ser excessiva, e de utilizar os restos do envoltório exterior. Mas, sempre, é esse envoltório que é destruído, esse envoltório é o assessor e não a parte essencial do ser pensante; a parte essencial é o princípio inteligente que é indestrutível e que se elabora nas diferentes metamorfoses que sofre.

729 - Se a destruição é necessária para a regeneração dos seres, por que a Natureza os cerca de meios de preservação e de conservação?

— Para que a destruição não chegue antes do tempo necessário. Toda destruição antecipada entrava o desenvolvimento do princípio inteligente. Por isso, Deus deu a cada ser a necessidade de viver e de se reproduzir.

730 - Uma vez que a morte deve nos conduzir para uma vida melhor, que nos livra dos males desta, e que, assim, ela está mais para ser desejada que ser temida, por que o homem tem dela um horror instintivo que o faz temê-la?

— Já o dissemos, o homem deve procurar prolongar sua vida para cumprir sua tarefa. Por isso, Deus lhe deu o instinto de conservação que o sustenta nas provas, sem isso se deixaria, muito freqüentemente, levar ao desencorajamento. A voz secreta que o faz repelir a morte lhe diz que ele ainda pode fazer alguma coisa pelo seu adiantamento. Quando um perigo o ameaça, é uma advertência para que aproveite a moratória que Deus lhe concede. Mas ingrato, rende, mais freqüentemente, graças à sua estrela, mais que ao Criador.

731 - Por que, ao lado dos meios de conservação, a

Natureza, ao mesmo tempo, colocou os agentes destruidores?

— O remédio ao lado do mal. Já o dissemos, é para manter o equilíbrio e servir de contrapeso.

732 - A necessidade de destruição é a mesma em todos os mundos?

— Ela é proporcional ao estado mais ou menos material dos mundos; cessa com um estado físico e moral mais depurado. Nos mundos mais avançados que o vosso, as condições de existências são outras.

733 - A necessidade da destruição existirá sempre entre os homens sobre a Terra?

— A necessidade de destruição se enfraquece entre os homens, à medida que o espírito se sobrepõe a matéria, é por isso que vedes o horror à destruição seguir o desenvolvimento intelectual e moral.

734 - Em seu estado atual, o homem tem um direito ilimitado de destruição, sobre os animais?

— Esse direito é regulado pela necessidade de prover à sua nutrição e à sua segurança. O abuso jamais foi um direito.

735 - Que pensar da destruição que ultrapassa os limites das necessidades e da segurança? Da caça, por exemplo, quando tem por objetivo senão o prazer de destruir sem utilidade?

— Predominância da bestialidade sobre a natureza espiritual. Toda destruição que ultrapasse os limites da necessidade, é uma violação das leis de Deus. Os animais não destroem senão por suas necessidades; mas o homem, que tem o livre-arbítrio, destrói sem necessidade. Ele deverá contas do

abuso da liberdade que lhe foi concedida, porque é aos maus instintos que ele cede.

736 - Os povos que levam ao excesso o escrúpulo relativo à destruição dos animais têm um mérito particular?

– É um excesso num sentimento louvável por si mesmo, mas que se torna abusivo e cujo mérito é neutralizado pelo abuso de muitas outras espécies. Há entre eles mais de medo supersticioso do que verdadeira bondade.

Estudando essa passagem, Kardec fala claramente como será a transição, e os espíritos afirmam que ela é necessária, já que vivemos num mundo de provas e expiação. Tudo tem de ser destruído para poder melhorar-se. Os reinos mineral, vegetal e animal estão dentro desse processo de transição. Com Kardec pudemos perceber que são necessárias, não somente as mudanças físicas, como também a transformação moral, social e psicológica do homem.

Atualmente, há inúmeros calendários que trazem em suas informações muitas declarações de que o mundo está próximo do seu fim. Esses calendários marcam uma data para isso acontecer. No entanto, sabemos pelos ensinamentos da Doutrina Espírita, que não é bem assim. Essa transformação do mundo é moral, que significa a modificação da humanidade. O centro do planeta está em transformação. As mudanças estão acontecendo constantemente. Isso faz parte deste orbe, que é um planeta jovem. Ainda acontecerão vários fenômenos naturais. São situações coerentes e que estão de acordo com as leis divinas.

Por causa da ganância, os homens vêm destruindo

a natureza. Não respeitam os direitos dos outros e nem se preocupam com o futuro, só com a arrecadação momentânea dos bens terrestres. Não medem as consequências dos atos impensados, não se preocupam com o que estão deixando para seus descendentes. A natureza cobra de todos nós tudo o que fazemos contra ela.

A humanidade nunca sofreu com tantos problemas como vem sofrendo ultimamente. Milhares de cidades ficam submersas, fato que até pouco tempo não ouvíamos falar. É a reação da natureza ao que fizemos no passado. E essas mudanças não são efeitos da transformação do Planeta Terra, no qual Deus está no comando, foram causadas pelo próprio homem, que agora terá de responder por elas.

Poderia ser diferente, mas com a destruição do meio ambiente, através do alto índice de poluição da atmosfera, a reação não poderia ser outra. O próprio Brasil, que até pouco tempo era um dos países mais calmos, presenciou, nos últimos tempos, grandes desmoronamentos e outras tragédias de efeitos naturais como, por exemplo, alagamentos de cidades, tornados e terremotos de pequena magnitude. Além das perdas de vidas humanas, houve muitos prejuízos materiais. Observamos que, quando ocorrem essas grandes tempestades, as regiões de planície se transformam em "verdadeiros mares".

Isso vem nos alertar que estamos mal estruturados. Ao invés de serem bem projetadas e estruturadas, as cidades mostram somente as belezas exteriores. Infelizmente, enquanto o egoísmo falar mais alto nos corações dos nossos governantes, o mundo sofrerá as consequências dessas ações.

Atualmente, quando as pessoas veem nuvens no céu,

prenunciando chuva, são dominadas pelo medo, pois qualquer que seja a intensidade, elas provocam inundações, gerando muita preocupação com o que poderá acontecer de pior para a população.

Se os responsáveis pela administração das cidades elaborassem um projeto de modificação de toda essa estrutura, ampliando a capacidade dos esgotos e conservando-os, muitas tragédias teriam sido evitadas. As árvores, por exemplo, têm capacidade de reter mais de noventa por cento de toda água que cai sobre um bosque.

As grandes calamidades sempre aconteceram na Terra, mas não na proporção em que acontecem atualmente. Em todo século XIX, ocorreram 41 grandes terremotos, levando à desencarnação mais de 350 mil pessoas. No século XX, esse número dobrou, são 96 grandes terremotos, com enorme poder de destruição, causando a morte de mais de dois milhões e cento e cinquenta mil pessoas. Em alta escala, ainda acontecerão muitas desencarnações causadas por tragédias naturais, tudo seguindo as leis de causa e efeito.

CAPÍTULO 32

CAUSA E EFEITO

E o irmão Hércules deu continuidade: – No momento, cabe ao Espiritismo, que é uma doutrina racional, esclarecer a todos, que a ela tem acesso, que esses acontecimentos são fenômenos naturais e, no momento, é necessário que ocorram. A Terra está se preparando para passar para um estágio evolutivo superior e, nessa preparação, o cerco está se fechando cada vez mais.

Temos presenciado muitos resgates oriundos de um passado bem remoto, no qual, os implicados nas inúmeras oportunidades reencarnatórias, concedidas a eles, não se esforçaram em se modificar, e através do amor, saldarem seus débitos. Poderemos relatar aqui um acidente acontecido no século passado, no qual centenas de pessoas tiveram suas vidas ceifadas pelo fogo. Todas elas estavam envolvidas, de alguma forma, nas milhares de mortes que ocorreram nos circos de Roma.

Em tempos bem distantes, muitos de nós causamos os mais terríveis sofrimentos a milhares de pessoas, pois, de forma desumana, incendiávamos as aldeias e os pequenos povoados e destruíamos as suas plantações. Infringindo as leis divinas, adquirimos dívidas individuais e coletivas. Aqueles que tiveram envolvimento nesses horríveis acontecimentos, no tempo oportuno, são reunidos para resgatar esse passado. A espiritualidade tem seu jeito e sua forma de uni-los, envolvendo todos em um só lugar, para passarem por mortes coletivas, em desastres naturais ou não.

Observamos quantas pessoas denominadas boas, passam por essas tragédias, vitimadas por mortes violentas, por meio de calamidades públicas, ou tendo como causa os efeitos naturais. Pessoas que, na visão de muitos, não mereciam passar por tanto sofrimento, mas estão destinadas a vivê-los.

Ninguém sofre sem merecer. Geralmente é a quitação de seus débitos perante a lei divina. Para muitos, é uma grande oportunidade de se livrarem de uma dívida. Estamos vivendo o processo final, e os mundos, para onde muitos de nós teremos de ir, serão verdadeiras prisões. Outros poderão ser absolvidos de seus crimes, pagando em liberdade, sem necessidade de passar pelo encarceramento. Esses são todos aqueles que estão se esforçando para se melhorarem, e ainda terão novas chances de se reencarnarem na Terra, cumprindo suas provações.

Como o Planeta está passando pelo processo de transição, a situação vem gradativamente se modificando. Podemos afirmar que, daquilo que plantamos pela manhã, mais tarde colheremos os frutos, podendo ser do bem ou do mal.

As estatísticas nos mostram que o número de desencarnações pelos acidentes no trânsito têm matado muito mais que as mortes naturais. Os automóveis de última geração proporcionam bem-estar e segurança, claro, para aqueles que os utilizam dentro dos limites das leis de trânsito, mas muitos de nossos irmãos, os usam como se fossem máquinas voadoras. Nas baladas da noite, após se embebedarem, saem em seus veículos, sem se preocuparem com a própria vida e com as tragédias que poderão causar a terceiros.

Antigamente, as grandes pestes dizimavam milhares de pessoas. Hoje, com os recursos avançados da tecnologia, muitas mortes por essas doenças contagiosas são evitadas. No entanto, hoje, a falta de responsabilidade e vigilância mais ativa no trânsito têm tirado milhares de vidas no mundo e no Brasil, principalmente, fazendo o papel das pestes. A diferença é que antes, aquelas mortes não tinham ainda como ser evitadas.

Os avançados recursos na área da medicina alcançaram níveis incalculáveis. Muitas doenças, que hoje são consideradas incuráveis, no futuro, serão eliminadas do Orbe Terrestre. Não queremos dizer com isso que não haverá morte, pois este é um fenômeno físico e biológico. Todos têm de passar por ela.

O homem fala muito em poluição, no entanto, a mais destruidora delas ainda é invisível para ele. A maior e mais devastadora de todas é a poluição mental, causada pelos maus pensamentos que lançamos na atmosfera terrestre.

Somente com o avanço da solidariedade entre os povos e o verdadeiro entrelaçamento de amor entre os familiares, haverá uma mudança no ambiente social e doméstico, e que estabelecerá uma nova condição de vivência no Planeta Terra. Essa será uma nova etapa de vida que nos proporcionará a verdadeira felicidade. Estaremos nos adequando às condições de vida dos espíritos regenerados.

A atmosfera terrestre será alterada, através de nossos pensamentos equilibrados. Irradiaremos luzes, e por onde passarmos, não haverá trevas.

Desde que Jesus se encarnou na Terra, a humanidade vive uma grande expectativa.

Em Jerusalém, Jesus e seus apóstolos foram ao templo, e ao saírem, os apóstolos ficaram deslumbrados com o que viram e disseram: “Senhor que obra maravilhosa!” E Jesus, com toda a sua grandeza disse-lhes: "Em verdade, em verdade vos digo que não sobrará pedra sobre pedra que não seja derrubada". Eles ficaram muito assustados com a fala de seu Mestre, mas diante de sua sabedoria, preferiram silenciar.

Saindo dali, atravessaram o Vale do Cedrom e foram para o Jardim das Oliveiras. Após alguns minutos de silêncio e meditações, os apóstolos perguntaram-lhe: - Senhor, quando isso acontecerá e quais os sinais que teremos desses prenúncios que irão acontecer?! E Jesus narrou-lhes os sermões proféticos: "Haverá dias tortuosos e quem estiver no campo, não terá tempo de vir para a cidade. Aquele que estiver no telhado não terá tempo de descer para reunir seus objetos de valor e se defender daquela grande catástrofe".

Ele, como um grande psicólogo da sociedade humana, sabia da nossa imperfeição moral. E prosseguiu dizendo que os filhos entregariam seus pais à justiça e os pais entregariam os filhos a qualquer tipo de calamidade. O Sol perderia sua luz. A Lua se banharia de sangue.

São Mateus e São Lucas referem-se a essas catástrofes, que estão também no Apocalipse de São João.

Vinte séculos se passaram depois dessa previsão do final dos tempos. Tantas coisas aconteceram nesse tempo: muita destruição, fome, guerras, pestes e muitos sofrimentos.

Há países, que possuem leis ainda muito severas e se utilizam da pena de morte. O aborto é liberado em vários deles, portanto, o direito à vida não é preservado.

As redes de comunicação em geral continuam fazendo a mesma abordagem, referindo-se aos tormentosos dias no Vale do Armagedom, que é também chamado Vale de Josafá, um lugar do Oriente Médio, por onde passavam todas as pessoas que se dirigiam à cidade de Jerusalém. Ali se travaram as piores batalhas, principalmente entre Egípcios, Caldeus, e Babilônios. Naturalmente, os profetas previam uma batalha final decisiva entre o bem e o mal, no Vale do Armagedom. São simbolismos, e podemos dizer que, com essa nova visão da Doutrina Espírita, podem ser feitas várias interpretações sobre esses temas bíblicos, os quais trazem para nós uma revelação sobre o momento que o Planeta Terra está passando.

O casamento, que deveria ser um importante estágio na estabilidade de uma família, em pouco tempo de união, surgem imprevistos, incompreensão, brigas que provocam desequilíbrios entre os casais. A falta de respeito e consideração entre o casal lesa fortemente os relacionamentos, causando marcas profundas no campo dos sentimentos.

O compromisso não é levado a sério, isso porque não estão preparados para renunciar em favor do parceiro. A irritação está no limite... A falta de paciência, em compreender o outro, provoca as grandes explosões que se transformam em ódio e desejo de vingança. Essas explosões são sentimentos desequilibrados, que ficarão registrados em nosso corpo perispiritual e, mais tarde, eclodirão em forma de doenças ou aguardará o tempo de uma nova encarnação, em cujo corpo surgirão importantes lesões fisiológicas. Isso não é uma cobrança de Deus para quitação dos nossos débitos, é nossa própria consciência a nos cobrar, pois ela é o nosso juiz interior.

Na organização do cosmo, Deus criou leis naturais que são intocáveis. Uma delas, que nos corrige, ensina e nos dirige ao caminho seguro; é a lei de causa e efeito. Ninguém está livre dessa lei. As causas das perturbações humanas, físicas e domésticas estão sob o comando dessa lei. Incluímos aqui os processos obsessivos que são bastante dolorosos para aqueles que estão passando pelo jugo do cobrador; eles ainda não têm estrutura para perdoar e se sentem no direito de cobrar a sua dívida, esquecendo que estão criando outra dívida para si próprios. Espíritos que se comprazem na pedofilia, na prostituição e nos crimes contra o patrimônio público, na maioria das vezes, nascem com grandes transtornos psíquicos, ou com corpos totalmente deformados, são os chamados fenômenos biológicos, de má-formação congênita. São também aqueles homens perversos que não foram julgados pelas leis humanas, mas que não foram esquecidos pelas leis de Deus. Renascem em corpos debilitados para pagar o débito. A consciência é o nosso juiz, o promotor é a testemunha severa que aponta nossos erros. Só nos sentiremos em paz e aliviados com a quitação de todo mal que praticamos.

Existe um tempo para que possamos fazer essas modificações. Não podemos esquecer que a Misericórdia Divina é amor e não somente justiça. Muitos perdem tempo reclamando, esquecendo-se de que estão vivendo debaixo da Misericórdia Divina.

O amor é a maior lei do Universo. Somente pelo amor superaremos o mal que fizemos.

A Doutrina Espírita nos fala que um dia o mundo será habitado por espíritos felizes, sejam encarnados ou desencarnados.

O processo de transição foi acelerado, a partir do ano de 1970 e, com isso, podemos observar, também, a grande influência das trevas.

Atualmente muitos espíritos iluminados estão vivendo na atmosfera terrestre, nas regiões espirituais, preparando-se para reencarnar. Muitos deles já se encontram entre nós. Entre outros espíritos missionários, está encarnado um número considerável de irmãos indianos, muçulmanos, budistas, e africanos.

Quando falamos em evolução, não poderemos pensar na evolução de um ser individual, e sim, na evolução da coletividade. A mudança que deve acontecer não é a externa, a principal e mais importante é a mudança interior, que vem de dentro para fora.

O filho será educado para enfrentar a vida lá fora, onde receberá novos conhecimentos. Assim saberá discernir entre o bem e o mal.

Observamos que as famílias entregaram a educação dos filhos aos Centros Educacionais. Estes têm como responsabilidade primeira proporcionar o desenvolvimento intelectual do indivíduo. Enquanto a situação não se inverter, as famílias sofrerão as consequências de suas atitudes.

Quanto àqueles que estão na Terra, utilizando-se de sua inteligênica para construir armas de destruição em massa, podem ter certeza de que todos eles serão deportados.

O termo "destruição" aqui usado não é somente para aqueles que destroem a vida humana, mas todo aquele que tem como único propósito enriquecer-se ilicitamente, acumulando bens materiais, esquecendo-se do respeito pela vida e o equilíbrio perante a natureza, gerando, assim, graves problemas para as populações futuras.

Recordemos, meus irmãos, que há um tempo para plantar e outro para colher, e vai chegar o dia em que estaremos de volta à casa do Pai!

CAPÍTULO 33

ADMINISTRADORES DA PAZ

No exato momento em que Hércules fez uma pequena pausa, Doralina, esse espírito de luz que sempre se colocará à disposição, não somente para me amparar em minhas oportunidades reencarnatórias, mas também para socorrer aos mais necessitados, aproximou-se. Ela, percebendo a minha preocupação, disse: - Ismael, meu querido, depois da tempestade vem a bonança! Com a reencarnação desses espíritos superiores, que estão chegando à Terra, tudo será diferente. Os governantes, nesse tempo, terão uma nova mentalidade. O sentimento de respeito e o equilíbrio estarão à frente, assumindo a governabilidade do planeta.

Quanto aos tiranos, esses serão deportados, onde não terão nenhum recurso material para manipular. Desse modo, sofrerão as consequências da lei de causa e efeito.

Como retrata a própria Bíblia, aqueles que serão condenados no dia do Juízo irão para o inferno, onde passarão por sofrimentos e penas de longos anos de torturas e dores.

Isso, também, pode ser encontrado em uma das passagens evangélicas, quando Jesus disse que chegará o tempo da separação dos bodes e das ovelhas, do trigo e do joio. O trigo será levado ao celeiro, e a erva daninha levada ao fogo para ser queimada.

Aqueles espíritos nobres, que já passaram pela Terra, e deram sua parcela de contribuição por meio dos seus exemplos, estão voltando para auxiliar o Planeta nesta transição. Os mais importantes pensadores da escola de Alexandria, entre outros, estão se preparando para ali se encarnar. Os grandes filósofos dos tempos antigos, os pais da ciência, também retornarão. Aliás, quero salientar que alguns deles já se encontram encarnados.

Estão se preparando para encarnar-se aqueles que, de modo direto, contribuíram para a paz e desenvolvimento moral do Orbe Terrestre. Poderemos encontrar entre eles Buda, Gandhi, Platão, Maomé, Lutero, Gabriel Dellane, Irmã Dulce, Madre Tereza de Calcutá, Francisco de Assis, João Paulo II, Leon Denis, Ernesto Bozzano. Todos eles cumpriram seu papel, quando aqui estiveram encarnados, e foram fiéis aos compromissos assumidos no plano espiritual. Foram grandes homens e mulheres que seguiram as pegadas do Mestre. Muitos outros virão e passarão despercebidos.

Grandes cientistas, que participaram do desenvolvimento da ciência, estarão de volta, com uma bagagem muito maior de conhecimentos. Eles serão favorecidos pelo avanço tecnológico, agora em melhores condições, com a possibilidade de poderem usufruir dos mais modernos equipamentos. Sabemos que resultarão em grandes descobertas, que irão desde a Astrofísica, a Neurologia, tendo sequência na Astronomia e muito mais...

Assim a Terra passará pela Grande Batalha do Armagedom, não no Vale de Josafá. Esse combate não acontecerá nas ruas, muito menos nos lares, mas dentro de cada um, na sua intimidade.

Refletindo-se sobre tudo que ouvi de Doralina e dos demais companheiros de caminhada, encerro essa obra com as minhas próprias conclusões.

Após oito séculos, cumprindo outros compromissos, tive a chance de voltar à Colônia Espiritual Casa de Misericórdia. Ali participei do processo reencarntório dos espíritos magnetizados, e também recebi do Pai uma oportunidade reencarnatória junto à minha querida Doralina. A vinda do Consolador, no século XIX, foi um marco na vida de todos aqueles que querem avançar e participar da Nova Era que reinará na Terra. Participamos de vários resgates dolorosos, e acalentamos a dor de muitos de nossos irmãos sofredores.

Apesar de sabermos que o mal ainda é predominante na Terra, chegará a vez em que o bem envolverá a todos, e, nessa época, o Orbe Terrestre estará regenerado.

Naquele mesmo dia de nosso retorno à Colônia Espiritual Casa do Pai, pudemos assistir a uma palestra proferida pelo irmão Gabriel, o governador daquela Colônia, cujo tema era "Transição e Espiritismo". Milhares de espíritos recém-chegados de outros mundos e colônias participavam do encontro.

No momento da prece inicial, ainda muito emocionado, humildemente, agradeci ao Pai celestial a chance que me proporcionou de maiores conhecimentos sobre a vida espiritual.

Gabriel falou dos projetos do Cristo e na contribuição que todos os companheiros ali presentes dariam ao Orbe Terrestre.

Finalizando o encontro, ele disse:

– Irmãos, desde a sua Codificação, a Doutrina Espírita sofre um processo de difamação por parte daqueles que não conhecem verdadeiramente os seus Princípios Doutrinários. Os Espíritas continuam sendo muito caluniados. Assim também aconteceu com Jesus. Os religiosos da época tentaram calar a sua voz, mas ela tocou os corações de todos aqueles que estavam preparados para ouvi-Lo. Sua vida, pautada na caridade e no amor incondicional, nos ensinou que deveríamos amar e perdoar infinitamente.

No final de sua vida física, passando pelos processos da tortura, da crucificação, pediu ao Pai que perdoasse seus filhos, pois eles não sabiam o que estavam fazendo. Esse gesto de amor tão significativo transcendeu e continuará transcendendo pela eternidade. Jamais conheceremos alguém que superará todos os requisitos de Jesus em matéria de Amor Universal. Ele foi o grande médium de Deus que conseguiu passar para humanidade a vontade do Pai, vivenciando todas as leis naturais, ensinando-nos que o Amor e o Perdão têm de ser nossa mais importante meta, em busca da verdadeira felicidade.

FIM

Jesus Médico de Almas
Autora: Eliane Alves Batista
Gênero: Doutrinário
Formato: 16x23
Páginas: 216
ISBN 978-85-60451-30-2

Resgatando o Passado e Construindo o Futuro...
Psicofonia: Izoldino Resende
Pelo Espírito Ernesto
Gênero: Romance
Formato: 16x23
Páginas: 320
ISBN 978-85-60451-01-2

Há Luz Na Escuridão
Psicografia: Denilson de Souza
Pelo espírito Carlos
Gênero: Romance Mediúnico
Formato: 16x23
Páginas: 192
ISBN 978-85-60451-36-4

O Padre - Desejo Oculto
Psicofonia: Izoldino Resende
Pelo Espírito Ernesto
Gênero: Romance
Formato: 16x23
Páginas: 272
ISBN 978-85-60451-38-8

Fé e Razão
Autor: Rossano Sobrinho
Gênero: Doutrinário
Formato: 14x21
Páginas: 224
ISBN 978-85-60451-05-0

O Mensageiro da Regeneração
Autor: Rossano Sobrinho
Gênero: Romance
Formato: 16x23
Páginas: 192
ISBN 978-85-60451-17-3

Evolução Pelo Amor
Autor: Rossano Sobrinho
Gênero: Autoajuda
Formato: 14x21
Páginas: 192
ISBN 978-85-60451-13-5

O Universo Maravilhoso das Parábolas
Autora: Eliane Alves Batista
Gênero: Estudo Evangélico
Formato: 16x23
Páginas: 384
ISBN: 978-85-60451-20-3

Encontros Com a Vida
Autor: Rossano Sobrinho
Gênero: Romance
Formato: 14x21
Páginas: 288
ISBN 978-85-60451-21-0

Há Solução, Sim!
Autor: José Lázaro Boberg
Gênero: Autoajuda
Formato: 16x23
Páginas: 192
ISBN 978-85-60451-24-1

O Evangelho de Tomé
Autor: José Lázaro Boberg
Gênero: Doutrinário
Formato: 16x23
Páginas: 256
ISBN 978-85-60451-08-1

O Poder das Suas Palavras
Autor: Celso Batista Inácio
Gênero: Autoajuda
Formato: 16x23
Páginas: 224
ISBN 978-85-60451-19-7

Viver Melhor
Autor: Celso Batista Ináico
Gênero: Autoconhecimento
Formato: 16x23
Páginas: 192
ISBN 978-85-60451-14-2

O Espiritismo Segundo a Bíblia
Autor: José Reis Chaves
Gênero: Doutrinário
Formato: 14x21
Páginas: 224
ISBN 978-85-60451-12-8

A Misericórdia Divina Nos Liberta do Passado
Psicofonia: Izoldino Resende
Pelo espírito Ernesto
Gênero: Romance
Formato: 16x23
Páginas: 320
ISBN 978-85-60451-15-9

Diretrizes Para Uma Vida Feliz
Autor: Sergito de Souza Cavalcanti
Gênero: Autoconhecimento
Formato: 16x23
Páginas: 224
ISBN 978-85-60451-06-7

A Casa do Caminho e os Primeiros Cristãos
Autor: Sergito de Souza
Gênero: Doutrinário
Formato: 16x23 - Páginas: 240
ISBN 978-85-60451-02-9

Sementes de Esperança
Psicografia: Wander Cardoso
Pelo espírito Ignácio de Antioquia
Gênero: Mensagens
Formato: 12x17
Páginas: 192
ISBN 978-85-60451-29-6

Grilhões de Paixão
Psicografia: Norma Jorge Moreira
Pelo espírito Fernando de O Campello
Gênero: Romance
Formato: 16x23
Páginas: 224
ISBN 978-85-60451-34-0

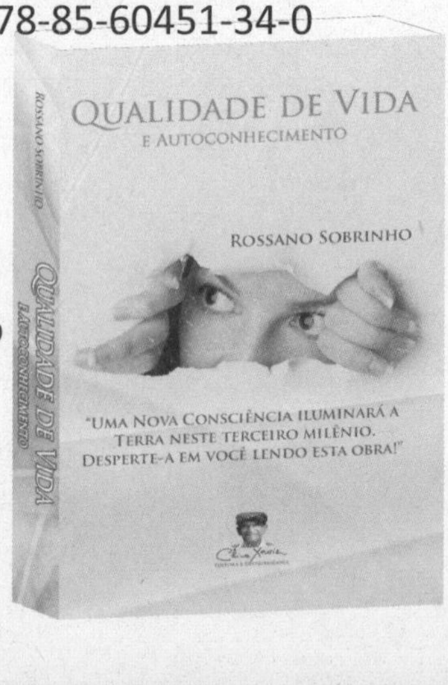

Qualidade de Vida e Autoconhecimento
Autor: Rossano Sobrinho
Gênero: Autoconhecimento
Formato: 16x23
Páginas: 192
ISBN 978-85-60451-25-3

Trilogia da Regeneração

Estrela de Luz - I
Psicofonia: Izoldino Resende
Pelo Espírito Ismael
Gênero: Romance
Formato: 16x23
Páginas: 320
ISBN 978-85-60451-04-3

Planeta Terra em Transição - II
Psicofonia:Izoldino Resende
Pelo Espírito Ismael
Gênero: Romance
Formato: 16x23
Páginas: 320
ISBN 978-85-60451-16-6

O Despertar de Uma Nova Era - III
Psicofonia:Izoldino Resende
Pelo Espírito Ismael
Gênero: Romance
Formato: 16x23
Páginas: 208
ISBN 978-85-60451-37-1

Inquietações Íntimas
Psicografia: Aloísio Silva
Pelo espírito Giordano Bruno
Gênero: Autoconhecimento
Formato: 14x21
Páginas: 192
ISBN 978-85-60451-44-9

Quem Ama Perdoa
Psicofonia: Izoldino Resende
Pelo espírito Ernesto Macêdonio
Gênero: Romance
Formato: 16x23
Páginas: 272
ISBN 978-85-60451-41-8

Sexo, Conciência e Amor
Psicografia: Priscila de Faria Gaspar
Pelo espírito Carlos
Gênero: Doutrinário
Formato: 16x23
Páginas: 224
ISBN 978-85-60451-47-0

Vivendo Um Grande Amor
Psicofonia: Izoldino Resende
Pelo espírito Ernesto Macêdonio
Gênero: Romance
Formato: 16x23
Páginas: 240
ISBN 978-85-60451-40-1

Momentos de Paz
Psicofonia: Izoldino Resende
Pelo Espírito Ernesto
Gênero: Mensagens
Formato: 12x17
Páginas: 176
ISBN 978-85-60451-27-2

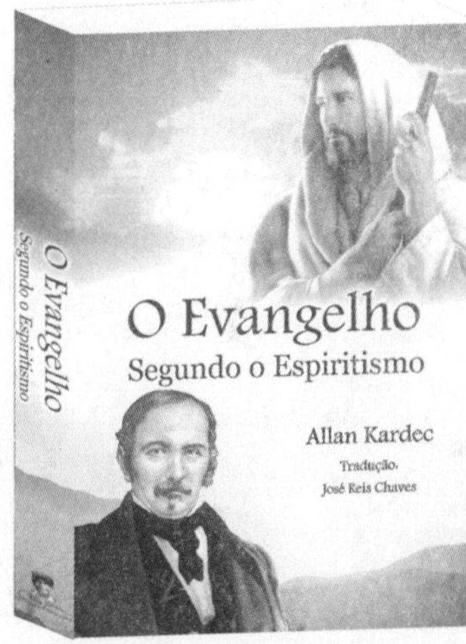

O Evangelho Segundo O Espiritismo
Tradução: José Reis Chaves
Autor: Allan Kardec
Gênero: Codificação Espírita
Formato: 14x21
Páginas: 384
ISBN 978-85-60451-41-8

Tempo - O Despertador de Almas
Psicografia: José Tadeu Silva
Pelo espírito Lázaro
Gênero: Autoconhecimento
Formato: 14x21
Páginas: 208
ISBN 978-85-60451-46-3

O Obsessor
Psicografia: Janete Marie M. Figueiredo
Pelo espírito Joaquim Manuel de Macedo
Gênero: Romance
Formato: 16x23
Páginas: 256
Lançamento 2015

Programa Espírita de Rádio "O Cristo Consolador"

Ouça na rede de rádio Boa Nova às quintas-feiras às 22:00hs. 1450 AM ou na Parabólica atráves do Canal do Boi (áudio 615).

Prezados Companheiros da Seara Espírita,

Em 1996, pela orientação do Mundo Espiritual, o Grupo Espírita Eurípedes Barsanulfo recebeu através do médium Izoldino Resende de Morais, seu fundador e dirigente, a incumbência da divulgação da Doutrina Espírita, pelo rádio, para todo o Brasil, com mensagens diversas e livros da Codificação Espírita, a preços populares para as casas espíritas. Junto dessas atividades, surgiu a doação de livros da Codificação Espírita, que o próprio Grupo Espírita Eurípedes Barsanulfo recebeu de uma editora espírita. Foi feita a distribuição gratuita de 3.000 exemplares do livro "O Evangelho Segundo o Espiritismo".

No decorrer desses anos de nosso trabalho, o Grupo Eurípedes Barsanulfo fundou a Editora e Distribuidora de Livros Espíritas Chico Xavier, que edita e distribui livros espíritas para todo o Brasil. Hoje, ela tem o programa espírita "O Cristo Consolador", que está sendo transmitido por mais de 250 emissoras de rádio, por cidades de todos os estados do Brasil. Temos também um trabalho de divulgação que produzimos e distribuímos gratuitamente cerca de 3.000.000 mensagens espíritas por ano.

Também você pode participar conosco dessa divulgação de nossa querida e consoladora Doutrina Espírita, conseguindo numa rádio de sua cidade um horário para a transmissão do programa "O Cristo Consolador", cujos programas ser-lhe-ão enviados pela Editora e Distribuidora de Livros Espíritas Chico Xavier sem nenhuma despesa. Para isso, comunique-se conosco pelo e-mail contato@editorachicoxavier.com.br ou pelo telefone 0800-283-7147. Você poderá escolher entre programas de 15, 30 ou 60 minutos.

Com os nossos agradecimentos e abraços fraternos.

Editora e Distribuidora de Livros Espíritas Chico Xavier

Santa Luzia, na Grande Belo Horizonte (MG).